Wissen Sie
Köln?

Christina Kuhn

Wissen Sie Köln?

Der Allgemeinbildungstest für Kölner

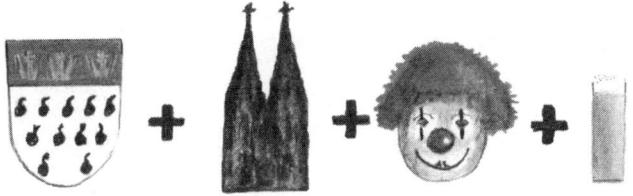

emons:

Bibliografische Information der Deutschen Bibliothek

Die Deutsche Bibliothek verzeichnet diese Publikation in der Deutschen
Nationalbibliografie; detaillierte bibliografische Daten sind im Internet
über http://dnb.d-nb.de abrufbar.

© Hermann-Josef Emons Verlag
Alle Rechte vorbehalten
Gestaltung: Tobias Doetsch, Berlin
Druck und Bindung: Grafica Veneta SpA, Italy
Printed in Germany 2011
ISBN 978-3-89705-877-4
Originalausgabe

Unser Newsletter informiert Sie
regelmäßig über Neues von emons:
Kostenlos bestellen unter
www.emons-verlag.de

Wissen Sie Köln?

Herzlich willkommen zum Allgemeinbildungstest für Kölner. Mit den folgenden 300 Fragen testen Sie auf fünf Wissensgebieten, wie viel Köln in Ihnen steckt – und das auf unterhaltsame Weise.

Das Kapitel »Leben in Köln« ist genauso bunt wie der Kölner Alltag: Von Sprache, Brauchtum und Veranstaltungen über Kirche und Kultur bis hin zu Arbeit und Freizeit – hier bleibt nichts ungefragt. Ganz schön jeck wird es im Kapitel »Kamelle & Kurioses«, während es im Kapitel »Bauten & Bürger« um das architektonische Kleinod Köln mit seinen liebenswerten Bewohnern, Kunstobjekten und anderen Örtlichkeiten im Straßenbild geht. »Historisches & Anekdoten« aus 2.000 Jahren Köln dürfen natürlich auch nicht fehlen, und ganz zum Schluss wird es auch mal ernst, wenn »Zahlen & Fakten« abgefragt werden. Und da es durchschnittlich zu jeder Frage 111 Statistiken mit 222 verschiedenen Ergebnissen gibt, wurden möglichst aktuelle Daten der Stadt Köln zugrunde gelegt – die muss ja schließlich wissen, wie es in Köln zugeht.

Sind Sie bereit? Dann nehmen Sie einen Stift zur Hand, wissen Sie los und kreuzen Sie im Fragenteil jeweils den Buchstaben mit der Antwortmöglichkeit an, die Sie für richtig halten. Im Lösungsteil können Sie Ihre Auswahl mit den korrekten Antworten abgleichen und Ihr Köln-Wissen durch interessante Erklärungen ergänzen. Übrigens sind im Fragenteil auch einige Extrapunkte zu ergattern …

Und schließlich: 300 echt kölsche Fragen zu stellen, bedeutet immer auch, gefühlte 333 Millionen Fragen nicht zu stellen. Sollten Sie also die eine oder andere Frage vermissen, lassen Sie es mich wissen.

Viel Spaß wünscht Ihnen Ihre

Inhalt

Teil 1: Fragen

Alles, nur nicht alltäglich: Leben in Köln

1 Wie lautet Artikel 1 aus dem »Kölschen Grundgesetz«?

- ☐ a) Wat fott es es fott.
- ☐ b) Kenne mer nit, bruche mer nit, fott domet.
- ☐ c) Et kütt wie et kütt.
- ☐ d) Et es wie et es.

2 Welches Maskottchen hat der 1. FC Köln?

- ☐ a) Hahn
- ☐ b) Geißbock
- ☐ c) Schaf
- ☐ d) Esel

3 Der Kölner ist gern an und für sich.
Konjugieren Sie das kölsche Verb »sin« (= sein).

_____

_____

4 Womit brauchen Kölner Autofahrer
in der Innenstadt nicht zu rechnen?

- ☐ a) Einbahnstraßen
- ☐ b) Parkplatzsuche
- ☐ c) U-Turns
- ☐ d) Grüne Welle auf dem Ring

5 Was ist die KVB?

- ☐ a) Stadtbahn
- ☐ b) U-Bahn
- ☐ c) Straßenbahn
- ☐ d) Mir doch egal. Hauptsache, sie kommt pünktlich.

Wissen Sie Köln? – Fragen

6 Wie viele Spiele fanden während der Fußball-WM 2006 in Köln statt?

☐ a) 3

☐ b) 5

☐ c) 6

☐ d) 8

7 Wer ist das Pendant zum Köbes?

☐ a) Dä Schütt

☐ b) Dä Schäng

☐ c) Dä Zappes

☐ d) Dä Kippes

8 Wie machen Sie einem Köbes klar, dass Sie kein Kölsch mehr wollen?

☐ a) Bierdeckel auf die Stange legen

☐ b) Blickkontakt vermeiden und Köbes ignorieren

☐ c) Sofort aufstehen und bezahlen

☐ d) Glas auf den Kopf drehen

9 Ja oder nein?
Am Flughafen Köln-Bonn wird Kölsch gebraut.

☐ Ja   ☐ Nein

10 Die Kölner sind schwer verliebt. Woran wird das deutlich?

☐ a) An den Luftschlössern über der Hohenzollernbrücke

☐ b) An den Lustschlössern neben der Hohenzollernbrücke

☐ c) An den Liebesschlössern auf der Hohenzollernbrücke

☐ d) An den Wasserschlössern unter der Hohenzollernbrücke

11 Das gibt es nur in Köln ...

☐ a) Unter Denkmalschutz stehende Kölschtrinker

☐ b) Unter Denkmalschutz stehende Flönsesser

☐ c) Unter Denkmalschutz stehender Klüngel

☐ d) Unter Denkmalschutz stehende Bahnfahrer

12 Wie lautet das Motto des jährlich stattfindenden Frühjahrsputzes in Köln?

☐ a) Die Heinzelmännchen kommen!

☐ b) Kölle putzmunter

☐ c) Auf die Plätze, fertig, putz!

☐ d) Köln – eine saubere Sache

13 Welcher Weltrekord wurde gleich beim ersten Köln Marathon 1997 aufgestellt?

☐ a) Teilnehmerrekord bei einer Marathonpremiere

☐ b) Zuschauerrekord bei einer Marathonpremiere

☐ c) Geschwindigkeitsrekord der Herren

☐ d) Geschwindigkeitsrekord der Damen

14 Welchen Weltmeistertitel errang Deutschland 2007 auf Kölner Boden?

☐ a) Den Weltmeistertitel im Eishockey der Herren

☐ b) Den Weltmeistertitel im Beachvolleyball der Damen

☐ c) Den Weltmeistertitel im Tischtennis der Damen

☐ d) Den Weltmeistertitel im Handball der Herren

15 In der wievielten Generation gibt es Maskottchen Hennes beim 1. FC Köln? (Stand: 2011)

☐ a) 6. Generation

☐ b) 7. Generation

☐ c) 8. Generation

☐ d) 9. Generation

  Wissen Sie Köln? – Fragen

16 Scherzfrage: Wie läuten Kölner Türklingeln?

_____

**17 Woher stammt der Begriff »Böchelskrom«
für minderwertigen Hausrat?**

☐ a) Von den Büchern, die sich oft unter dem Trödel befinden

☐ b) Vom »Büchel« = Hügel, dem Namen der Kölner Gässchen, in denen Alt- und Gebrauchtwarenhändler ihre
Waren anboten

☐ c) Vom »Büchel« = Hügel, zu dem sich
der Plunder oft türmt

☐ d) Von Meister Böchel, der den ersten Alt- und Gebraucht-
warenhandel in Köln aufmachte

18 Wessen Heimspielstätte ist die LANXESS arena?

_____

**19 Für Kölner sind seltsame Veedelsnamen alltäglich.
Aber warum heißt Zollstock eigentlich Zollstock?**

☐ a) Wegen des Industriezweigs, der hier im 19. Jahrhundert ansässig war und Messgeräte wie Winkelmesser,
Maßbänder und Zollstöcke produzierte

☐ b) Wegen des Zollhauses (»Zollstock«), das an der Kreuzung eines Feldweges mit dem um Köln führenden
Bischofsweg stand

☐ c) Weil das Gebiet im Rahmen der Kölner Stadterweite-
rung ab 1881 exakt vermessen und Arbeitersiedlungen
auf dem Reißbrett geplant wurden

☐ d) Wegen des mittelalterlichen Grafen Siegbert von
Tulstoc, der hier Ländereien besaß

20 Und warum heißt Nippes Nippes?

◻ a) »Nipp« ist abgeleitet von »nepp« = kleine Anhöhe.

◻ b) »Nipp« ist abgeleitet von »niep« = feuchte Senke.

◻ c) Im frühen 18. Jahrhundert gab es viele Porzellan-
manufakturen, die den französischen Hof neben
Geschirr auch mit passenden kleinen Figuren –
Nippes – belieferten.

◻ d) Das Land gehörte laut Urkunde von 1549 einem
Johann van Wermißkirchen am Nippis.

**21 Für FC-Fans kein Problem – Ergänzen Sie die nächste Zeile:
»Ehrenfeld, Raderthal, Nippes, Poll, Esch, Pesch un Kalk ...«**

_____

_____

**22 Für welche Verdienste wird die
Willi-Ostermann-Medaille verliehen?**

◻ a) Verdienste um das Kölner Lied

◻ b) Verdienste um die Kölner Jugend

◻ c) Verdienste um die Kölner Parkanlagen

◻ d) Verdienste um Kölner Denkmäler

23 Für welche Kirchen ist Köln bekannt?

◻ a) 12 klassizistische Kirchen

◻ b) 12 gotische Kirchen

◻ c) 12 barocke Kirchen

◻ d) 12 romanische Kirchen

24 Wem gehört der Kölner Dom?

◻ a) Der Stadt Köln

◻ b) Dem Erzbistum Köln

◻ c) Der römisch-katholischen Kirche in Deutschland

◻ d) Der Hohen Domkirche zu Köln

25 Wie lautet die Adresse des Kölner Doms?

☐ a) Domkloster 4

☐ b) Am Dom 1

☐ c) Roncalliplatz 1

☐ d) Am Domhof 6

**26 Wovon werden Touristen,
nicht aber Kölner auf der Domplatte überrascht?**

☐ a) Vom Zug

☐ b) Von den Tauben

☐ c) Von den Straßenkünstlern

☐ d) Vom Domanblick

**27 Was kostet die Patenschaft für den
Braunbauchlaubenvogel im Kölner Zoo?**

☐ a) 50 Euro pro Jahr

☐ b) 100 Euro pro Jahr

☐ c) 150 Euro pro Jahr

☐ d) 200 Euro pro Jahr

**28 Die Patenschaft für welches Tier
im Kölner Zoo beträgt 5.000 Euro im Jahr?**

☐ a) Spitzmaulnashorn

☐ b) Elefant

☐ c) Löwe

☐ d) Giraffe

**29 An wen richtet sich KölnTourismus
mit der Broschüre »Out in Cologne«?**

☐ a) Schülergruppen auf Klassenfahrt

☐ b) Homosexuelle Besucher

☐ c) Belgische Weihnachtsmarkttouristen

☐ d) Touristen, die sich in Köln verfahren haben
und den Weg heraus nicht finden

30 Welche Veranstaltung gibt es in Köln nicht?

☐ a) International German Bear Pride Week, die »Bärenwoche«

☐ b) lit.Cologne

☐ c) c/o pop

☐ d) Popkomm

31 Welche Messe findet nicht in Köln statt?

☐ a) gamescom

☐ b) Rheinische Landesverbandsschau (der Rassegeflügelzüchter)

☐ c) imm cologne

☐ d) Rheinische Zwergpudel-Schau

32 Welche/r deutschsprachige Autor/Autorin war bislang kein Gast der lit.Cologne? (Stand: 2011)

☐ a) Alex Capus

☐ b) Herta Müller

☐ c) Charlotte Roche

☐ d) Frank Schätzing

33 Wo befindet sich Kölns jüngster Weihnachtsmarkt?

☐ a) Im Stadtgarten

☐ b) Im Rheinauhafen

☐ c) Im MediaPark

☐ d) Auf dem KölnTriangle

34 Ja oder nein?
Es gibt in Köln einen schwebenden Weihnachtsmarkt.

☐ Ja   ☐ Nein

35 Wo eröffnete 1974 die erste Kölner Filiale einer bekannten Burgerkette?

☐ a) Trankgasse/Hauptbahnhof

☐ b) Barbarossaplatz

☐ c) Venloer Straße/Gürtel

☐ d) Rudolfplatz

36 Wo brät die »Wurstbraterei« aus dem Köln-Tatort ihre Würstchen, wenn sie drehfrei hat?

☐ a) Vorm Schokoladenmuseum

☐ b) Nirgendwo

☐ c) Auf dem Pariser Platz in Chorweiler

☐ d) Vor den Köln Arcaden

37 Welches Meisterwerk ist nicht im Wallraf-Richartz-Museum zu sehen?

☐ a) Albrecht Dürer: Trommler und Pfeifer (um 1503–1505)

☐ b) Peter Paul Rubens: Juno und Argus (um 1610)

☐ c) Rembrandt Harmenz. van Rijn: Selbstbildnis (um 1668)

☐ d) Vincent van Gogh: Der Schnitter (1889)

38 Welches Museum gibt es in Köln (noch) nicht?

☐ a) Ein Museum zur jüdischen Geschichte in Köln

☐ b) Ein Völkerkundemuseum

☐ c) Ein Weinmuseum

☐ d) Ein Duftmuseum

39 Wo befindet sich die Judaica-Sammlung derzeit?

☐ a) Im Martin-Buber-Institut für Judaistik an der Universität zu Köln

☐ b) Im NS-Dokumentationszentrum im EL-DE-Haus am Appellhofplatz

☐ c) Im Kölnischen Stadtmuseum in der Zeughausstraße

☐ d) In der Synagoge in der Roonstraße

40 Was ist auf dem Bild zu sehen?

_____

_____

41 Wie heißt Europas größtes Reggaefestival am Fühlinger See?

_____

_____

42 Welcher Automobilhersteller hat seine Deutschlandzentrale nicht in Köln?

☐ a) Peugeot

☐ b) Toyota

☐ c) Citroën

☐ d) Volvo

43 Köln ist eine Medienstadt – welches Kommunikationsmedium gab es bereits im 19. Jahrhundert?

☐ a) Akustische Botschaften über spezielle Trillerpfeifen

☐ b) Rohrpostsystem in der Innenstadt

☐ c) Elektromagnetische Nachrichtenübertragung via UKW

☐ d) Optische Telegraphentürme

 Wissen Sie Köln? – Fragen

44 Nennen Sie drei Kölner Zeitungen, Magazine oder Illustrierte.

_____

_____

45 Über welches Orchester/welche Band verfügt der WDR nicht?

☐ a) WDR Sinfonieorchester Köln

☐ b) WDR Rundfunkorchester Köln

☐ c) WDR Big Band Köln

☐ d) WDR Rock Band Köln

46 Nennen Sie drei der sechs Fernsehsender,
die von Köln aus senden.

_____

_____

47 Wann wurde der erste Kölner Tatort ausgestrahlt?

☐ a) 1984

☐ b) 1991

☐ c) 1995

☐ d) 1997

48 Welche Fernsehserie wird nicht in Köln gedreht?

☐ a) Lindenstraße

☐ b) Alles was zählt

☐ c) Gute Zeiten, schlechte Zeiten

☐ d) Verbotene Liebe

49 Welches freie Theater gibt es nicht in Köln?

☐ a) Theater im Hof

☐ b) Theater Der Keller

☐ c) Theater im Bauturm

☐ d) Theater unterm Dach

50 Welches Kölner Kino gibt es noch?

☐ a) Broadway

☐ b) Lupe 2

☐ c) Autokino

☐ d) Ufa-Filmpalast

51 Wer ist Kölns größter Arbeitgeber?

☐ a) Stadt Köln

☐ b) WDR

☐ c) Ford

☐ d) Koelnmesse

52 Welches bedeutende Unternehmen des 19. Jahrhunderts stammt nicht aus Köln?

☐ a) Felten & Guilleaume (F&G)

☐ b) Chemische Fabrik Vorster & Grüneberg

☐ c) Telegraphen-Bauanstalt von Siemens & Halske

☐ d) N.A. Otto & Cie

53 Für welchen Zweck waren die Gleisanlagen der U-Bahn-Haltestelle »Kalk Post« auch vorgesehen?

☐ a) Zum Verlegen des neu aufkommenden Kabelfernsehens Anfang der 80er

☐ b) Als Überwinterungsmöglichkeit von Fledermäusen

☐ c) Zum Aufstellen von Feldbetten im Kalten Krieg

☐ d) Zum Verlegen eines Rohrpostsystems in den 50ern

54 Im Kölner Alltag stehen Kölsch und Brauchtum weit oben. Welche Akademie kümmert sich um die Pflege?

_____

_____

55 Was versteht man in Köln unter »Krönzeletaat«?

☐ a) Etat auf Pump

☐ b) Stachelbeertorte

☐ c) Adventskranz

☐ d) Sparbuch

56 Was versteht man in Köln unter »Baselemanes«?

☐ a) Tortenboden

☐ b) Tulpenart

☐ c) Mann aus Basel

☐ d) Handkuss

57 Was bedeutet »Müsjer fange« auf Hochdeutsch?

☐ a) Kamellen beim Rosenmontagszug fangen

☐ b) Einen Elfmeter beim Fußball halten

☐ c) Klingelmäuschen machen

☐ d) Einen Siebenmeter beim Handball halten

58 Was versteht man unter »Bangendresser«?

☐ a) Einen Löwen dressieren

☐ b) Einen Angsthasen, der sich vor Angst in die Hose macht

☐ c) Ein männliches Model (Dressman)

☐ d) Einen Schüttelbecher zum Mischen von Salatdressings

59 Woran erkennt der urlaubende Kölner, dass er zurück in seinem Veedel ist?

☐ a) Der Besitzer seines Stammbüdchens begrüßt ihn mit Namen.

☐ b) Er muss keine Vorwahl wählen, um sich zum FC-Gucken zu verabreden.

☐ c) Sein Stammplatz in der Eckkneipe ist für ihn frei geblieben und deshalb leicht angestaubt.

☐ d) Die Kassiererin im Supermarkt wünscht ihm einen Guten Morgen / Tag / Abend.

Ganz schön jeck: Kamelle & Kurioses

**60 Was ist der frühestmögliche, was der
späteste Termin für Weiberfastnacht?**

☐ a) 14. Februar bzw. 1. Mai

☐ b) 1. Januar bzw. 8. April

☐ c) 11. November bzw. 18. März

☐ d) 29. Januar bzw. 4. März

61 Was ist der Ursprung der Büttenrede?

☐ a) Das mittelalterliche Stapelrecht

☐ b) Der Code civil, Napoleons Zivilrecht

☐ c) Das mittelalterliche Rügerecht

☐ d) Das neuzeitliche Recht
auf Meinungsfreiheit

**62 Was passierte mit dem Karneval,
nachdem die Franzosen 1794 Köln besetzten?**

☐ a) Er wurde verboten.

☐ b) Die Kappe und Uniform des kleinen Korsen
Napoleon wurden das
Karnevalskostüm schlechthin.

☐ c) Die Karnevalslieder wurden
auf Französisch gesungen.

☐ d) Blau, Weiß und Rot wurden
die Farben des Kölner Karnevals.

63 Wann gab es eine Karnevalsreform?

☐ a) 1815

☐ b) 1823

☐ c) 1908

☐ d) 1980

64 Zu welchem Zweck wurde das »Festordnende Komitee« gegründet?

☐ a) Um den entfesselten Kölner Straßenkarneval neu zu ordnen

☐ b) Um die Reihenfolge der Wagen am Rosenmontagszug festzulegen

☐ c) Um den Ablauf der Karnevalssitzungen zu regeln

☐ d) Um den Bierkonsum zu überwachen

65 Wie hieß die Hauptfigur des Kölner Karnevals, die seit 1871 Prinz Karneval genannt wurde und heute schlicht Prinz heißt?

_____

66 Nach wem sind die »Funken« benannt?

☐ a) Nach der Kölner Stadtgarde bis 1794

☐ b) Nach den wie Funken strahlenden Funkenmariechen, deren Tanzpartner sie sind

☐ c) Nach ihren Funktionen im ehemaligen »Festordnenden Komitee«

☐ d) Nach den französischen Revolutionstruppen

67 Was ist der Elferrat?

☐ a) Ein Ratespiel am 11.11. am Heumarkt. Der Gewinner darf beim Rosenmontagszug mitfahren.

☐ b) Das Organisationskomitee der Karnevalsgesellschaften

☐ c) Der gute Rat, nicht mehr als elf Kölsch pro Karnevalstag zu trinken

☐ d) Ein spezielles Elfenkostüm, das der gesamte mittelalterliche Stadtrat an Karneval trug

68 Aus welchen Figuren setzt sich das Dreigestirn zusammen?

_____

_____

69 Was gibt es auf einer Sitzung der traditionellen Karnevalsgesellschaften nicht?

☐ a) Kölsch

☐ b) Literat

☐ c) Kalte Ente

☐ d) Auftritt des Tanzkorps

70 Worauf bezieht sich der Karnevalsgruß »alaaf«?

☐ a) Es kommt von allaf und bedeutet »all(es) ab«, also alles andere als Köln weg.

☐ b) Es stammt vom französischen »et voilà!«, »das wär's«. Trotz Verbot unter den Franzosen feierten die Kölner Karneval und riefen den Franzosen »et voilà« zu – woraus nach reichlich Kölschkonsum alaaf wurde.

☐ c) Vor der Fastenzeit ab Aschermittwoch muss alles gute Essen und Trinken weg.

☐ d) Es stammt vom englischen »I love you«, »Ich liebe dich«. Kölner werden nicht müde, ihrer Heimatstadt die Liebe zu versichern – was nach reichlich Kölschkonsum alaaf kling.

71 Bekannte Büttenredner geben ihrem Bühnencharakter oft einen Namen. Ordnen Sie Redner und Namen einander zu. Kleiner Tipp: Nicht alle sind noch aktiv.

Hans Hachenberg   »Der Werbefachmann«

Marc Metzger   »De Doof Noss«

Fritz Schopps   »Dä Blötschkopp«

Bernd Stelter   »Et Rumpelstilzje«

72 Welche Funktion hat der Literat?

☐ a) Souffleur der Büttenredner

☐ b) Verantwortlicher für Pogramm und Ablauf einer Karnevalssitzung

☐ c) Verfasser von Karnevalsliedern

☐ d) Protokollführer bei den Besprechungen des Festkomitees Kölner Karneval

 Wissen Sie Köln? – Fragen

73 Welche ist keine alternative Karnevalssitzung?

- ☐ a) Divertissementchen
- ☐ b) Röschensitzung
- ☐ c) Meine Sitzung
- ☐ d) Die Lachende Kölnarena

74 Welchem Zweck diente die Narrenkappe?

- ☐ a) Kappenlose Jecken konnten so erkannt und der organisierten Sitzungen der Karnevalsgesellschaften verwiesen werden.
- ☐ b) Zum Auffangen der Kamelle am Rosenmontagszug
- ☐ c) Der Erzähler von schlechten Witzen musste die Kappe als Kennzeichen tragen.
- ☐ d) Als Indiz für den Trunkenheitsgrad des Trägers: Saß die Kappe schief, bekam er keinen Alkohol mehr.

75 Welchen Karnevalszug gibt es nicht?

- ☐ a) Sternmarsch
- ☐ b) Geisterzug
- ☐ c) Schull- und Veedelszöch
- ☐ d) Narrenzoch

76 Um wie viel Uhr startet der Rosenmontagszug?

_____

77 Welche Legende wird traditionell an Weiberfastnacht vor der Severinstorburg aufgeführt?

- ☐ a) Tünnes und Schäl
- ☐ b) Jan und Griet
- ☐ c) Kölner Heinzelmännchen
- ☐ d) Teufelswette vom Kölner Dom

78 Wie entstand das Kostüm des Lappenclowns?

☐ a) Weil es nur aus Stoffresten besteht, war es ein beliebtes Arme-Leute-Kostüm.

☐ b) Aus der Tradition an Kölner Schulen, dem Direktor ein Kostüm aus den Tafellappen zu nähen

☐ c) Als Abwandlung der Mantelhälfte, die der heilige Martin am 11.11. einem frierenden Mann gab

☐ d) Als findige Idee, möglichst viel zu bützen: Kölsche Mädche erhalten im Tausch gegen ein Bützje (Küsschen) einen der Stofffetzen, der ihnen Glück in der Liebe verspricht.

79 Was ist »Stippeföttche«?

☐ a) Ein typisches Karnevalskostüm mit übergroßen Füßen

☐ b) Der Keramiktopf in Fassform für den Heringsstipp an Aschermittwoch

☐ c) Der Zapfhahn des Pittermännchens

☐ d) Ein traditioneller Tanz der Roten Funken

80 Welcher Begriff hat nichts mit Karneval zu tun?

☐ a) Knabüss

☐ b) Strüssje

☐ c) Funkentöter

☐ d) Prummekän

81 Welche bedeutende Rolle für den Kölner Karneval spielt Hans Knipp?

☐ a) Er ist der jahrelange Leiter des Festkomitees Kölner Karneval.

☐ b) Er ist der Leiter des Kölner Karnevalsmuseums.

☐ c) Er ist der Verfasser von unzähligen Karnevalshits bekannter Bands.

☐ d) Er ist der größte private Sponsor der Sessioneröffnung an Altweiber in der Altstadt.

82 Welche kölsch singende Band singt keine Karnevalslieder?

☐ a) Bläck Fööss

☐ b) BAP

☐ c) Paveier

☐ d) Höhner

83 Ergänzen Sie die nächste Liedzeile:
»Die Karawane zieht weiter ...«

_____

84 Was sind Krätzjer und Couplets?

☐ a) Spezielle Liedergenres im Sitzungskarneval

☐ b) Kamellen, die nur vom Prinzenwagen aus geworfen werden dürfen

☐ c) Zwei besonders begehrte Karnevalsorden

☐ d) Der Name von zwei Hebefiguren der Tanzkorps

85 Wie heißt der Sündenbock des Karnevals?

☐ a) Nubbel

☐ b) Knubbel

☐ c) Bubbel

☐ d) Schubbel

86 Woher hat der Aschermittwoch seinen Namen?

☐ a) Vom vielen Müll, der aufgekehrt und in die Ascheneimer gefüllt wird

☐ b) Vom Zigarettennotstand in Büdchen nach den tollen Tagen

☐ c) Vom Brauch, in der Messe am Aschermittwoch die Asche der verbrannten Palmzweige des Vorjahres zu segnen und die Gläubigen mit einem Aschekreuz zu versehen

☐ d) Vom mittelalterlichen Brauch, Fisch statt Fleisch zu essen, der in der Asche eines Feuers gegart wird

87 Welchen Abschluss kann man in Köln nicht machen?

☐ a) Kölsch-Abitur

☐ b) Kölsch-Examen

☐ c) Kölsch-Diplom

☐ d) Kölsch-Master

88 Was ist der »Kölner Teller«?

☐ a) Ein Mittel zur Verkehrsberuhigung

☐ b) Eine Art Vorspeisenteller mit kölschen Spezialitäten im Brauhaus

☐ c) Ein bestimmtes Porzellan, das in Urkölner Familien immer an Karneval verwendet wird

☐ d) Ein Zinnteller mit Dommotiv, den die Ehrenbürger der Stadt Köln verliehen bekommen

89 An welcher Bushaltestelle können Sie lange warten?

☐ a) Neuer Mülheimer Friedhof

☐ b) Zündorf Altersheim

☐ c) Riehler Heimstätten

☐ d) Kaserne Nordtor

90 Wohin fährt die KVB-Linie 11?

_____

91 Was gibt es in Köln?

☐ a) Das schmalste Haus Deutschlands

☐ b) Die höchste Kirche Deutschlands

☐ c) Die schönsten Frauen im Rheinland

☐ d) Die nettesten Männer im Rheinland

92 Was ist der Barbarastollen?

☐ a) Der Stollen einer Kölner Bäckerei, den es nur vom Barbara-Tag bis Heiligabend gibt (4.–24.12.)

☐ b) Ein Schaubergwerk unter dem Hauptgebäude der Universität

☐ c) Ein herausgefallener Stollen seines Schuhs, den FC-Spieler Hans »de Knoll« Schäfer nach dem WM-Sieg 1954 seiner Frau Barbara schenkte

☐ d) Eine der beiden gleich gebauten Strophen des Aufgesangs im Barbaralied aus dem 16. Jahrhundert, das zur Messe am Barbara-Tag (4.12.) angestimmt wird

93 Ja oder nein?
In Köln kann man sich schwebend trauen lassen.

☐ Ja   ☐ Nein

94 Die Domplatte ist häufiger Ausgangspunkt für sogenannte Flashmobs, ein Zusammentreffen vieler Leute, die ungewöhnliche Dinge tun. Welche Aktion gab es noch nicht?

☐ a) Messaktion im Hauptbahnhof (4.12.2010)

☐ b) Bescherung auf der Domplatte (24.12.2010)

☐ c) Hühner-Flashmob (12.2.2011)

☐ d) Schlaf-Flashmob (16.4.2011)

95 Wo befindet sich der Kronleuchtersaal?

☐ a) Im alten Kölner Elefantenhaus

☐ b) In der Kölner Kanalisation

☐ c) Im Historischen Rathaus

☐ d) Im Gürzenich

96 Was ist der Saufang?

☐ a) Deutschlands älteste Glocke, die aus Eisenblech genietet wurde und nun im Museum Schnütgen hängt

☐ b) Ein traditionelles Kölner Ritual, das auf eine Jagd nach einer entlaufenen Sau im Jahr 1831 zurückgeht und bei dem im Königsforst Säue eingefangen werden

☐ c) Ein Schweinerennen auf der Galopprennbahn, das zum Saisonende stattfindet

☐ d) Der Name einer Kneipe im Kwartier Lateng, die für ihre Bier-Flatrate-Partys bekannt ist

97 Was ist das Besondere an der Kirche St. Agnes?

☐ a) Ihr Grundriss hat die Form eines Achtecks.

☐ b) In ihrer Turmspitze gibt es einen Taubenschlag.

☐ c) Die Kirche ist nach einer Bürgerlichen benannt.

☐ d) Eine Wand des Kirchenschiffes ziert eine Kopie von Michelangelos »Erschaffung Adams« aus der Sixtinischen Kapelle.

98 Welche Sprache war einst Amtssprache in Köln?

☐ a) Englisch

☐ b) Spanisch

☐ c) Kölsch

☐ d) Französisch

99 Was machten die mittelalterlichen Blaufärber gern am Montag?

☐ a) Ruhetag

☐ b) Blau

☐ c) Tücher auf dem Markt verkaufen

☐ d) Farbstoff kaufen

100 Welche Strecke befährt die Rhein-Schifffahrtsgesellschaft »Köln-Düsseldorfer (KD)« nicht?

- ☐ a) Koblenz – Cochem auf der Mosel
- ☐ b) Bacharach – Assmannshausen auf dem Rhein
- ☐ c) Koblenz – Köln auf dem Rhein
- ☐ d) Köln – Düsseldorf auf dem Rhein

101 Schätzfrage: Welche Suchanfrage bei Google erzielt mehr Treffer: »Köln« oder »Düsseldorf«?

_____

102 Inwiefern trägt die TV-Serie »Verbotene Liebe« zur Verständigung zwischen Köln und Düsseldorf bei?

- ☐ a) Die Schauspieler stammen entweder aus Düsseldorf oder Köln.
- ☐ b) In der Serie hat ein Kölner in die Düsseldorfer Adelsfamilie von Anstetten eingeheiratet – und es funktioniert!
- ☐ c) Sie spielt in Düsseldorf, wird aber in Kölner Studios gedreht.
- ☐ d) In der Serie haben sich Kölner und Düsseldorfer gegen Bielefeld verbündet, das neue Landeshauptstadt werden will.

103 Welche Besonderheit weist der Köln-Bonner Flughafen auf?

- ☐ a) Eine Landebahn, auf der Spaceshuttles der NASA notlanden dürfen
- ☐ b) Eine unterirdische Verbindung zum ehemaligen Bundeskanzleramt in Bonn aus den 1960ern
- ☐ c) Ein Nachtlandeverbot an den christlichen Feiertagen
- ☐ d) Ein Forschungslabor für unbekannte Flugobjekte

104 Welche Aussage trifft auf den
Film »Die fabelhafte Welt der Amélie« nicht zu?

☐ a) Teile des Films wurden in Köln gedreht.

☐ b) Es gibt einen Kölner Koproduzenten.

☐ c) Der Kölner Tatort »Verraten und verkauft« (Folge 573)
nimmt Bezug auf den Film.

☐ d) Der weltreisende Gartenzwerg des Vaters posiert
vorm Dom.

105 »Köln 111 km« – Wo liegt der trigonometrische Punkt, auf
den sich Kilometerangaben auf Verkehrsschildern beziehen?

☐ a) Auf Gleis 1 vom Kölner Hauptbahnhof

☐ b) Auf der Hohenzollernbrücke genau in Rheinmitte

☐ c) Im Vierungsturm des Kölner Doms

☐ d) Im Foyer des Historischen Rathauses

106 Ja oder nein?
Es gab eine Zeit, in der jeder Bürger Kölns morgens die
Straße reinigen und abends für Beleuchtung sorgen musste.

☐ Ja   ☐ Nein

107 Welcher »Schönheitsmakel« haftet der Miss Köln 2008 an?

☐ a) Sie misst nur 1,57 Meter.

☐ b) Sie hat pinkfarbene Haare.

☐ c) Sie hat Schuhgröße 43.

☐ d) Sie stammt aus Düsseldorf.

108 Wofür ist das Pestkreuz in St. Maria im Kapitol der Legende
nach ein Indikator?

☐ a) Für das Nahen des Jüngsten Gerichts

☐ b) Für die Zahl der an der Pest Verstorbenen

☐ c) Für das Aufkommen einer neuen Pest

☐ d) Für die nächsten Ernteerträge

109 Warum hängt ein Boot im Gewölbe der Eigelsteinburg?

☐ a) Kölns Stellung als Seehandelsmacht während der Zeit der Hanse sollte mit diesem Boot herausgestellt werden, das als Transportschiff den Rhein entlangfuhr.

☐ b) Es erinnert an die Franzosen unter Napoleon, die Köln vom Rhein aus einnehmen wollten, aber 1794 von der Kölner Flotte zurückgeschlagen wurden.

☐ c) Während des Jahrhunderthochwassers von 1784 (13,55 Meter) wurde es dort hingespült, hat sich verkeilt und wurde später als Mahnmal für die 63 Toten dauerhaft dort befestigt.

☐ d) Es ist das Rettungsboot der »SMS Cöln«, deren Untergang 1914 nur der Kölner Obermatrose Neumann überlebte.

110 In welcher rheinischen Stadt gibt es noch einen Eigelstein?

☐ a) Bonn

☐ b) Düsseldorf

☐ c) Neuss

☐ d) Dormagen

111 Ja oder nein?
In Köln wird Altbier gebraut.

☐ Ja   ☐ Nein

112 Was findet der Legende nach alljährlich in der Pfarrkirche St. Maria Lyskirchen statt?

☐ a) Ein österliches Geisterfeuer der verstorbenen Gemeindemitglieder

☐ b) Eine weihnachtliche Geistermesse der ertrunkenen Rheinschiffer

☐ c) Ein Orgelkonzert der Toten der Eisflut von 1784

☐ d) Eine Choraufführung der verstorbenen Hafenarbeiter

113 Wann ist man in Köln ein Spießbürger?

☐ a) Wenn man sich als einzige Waffe nur einen Spieß leisten konnte

☐ b) Wenn man eine Döner- oder Gyrosbude betreibt

☐ c) Wenn man zum Lachen in den Keller geht

☐ d) Wenn man Karneval verweigert

114 Köbese gibt es nicht nur im Brauhaus, sondern auch ...

☐ a) ... im Amtsgericht.

☐ b) ... im Deutzer Stadthaus.

☐ c) ... in der Universität.

☐ d) ... in der Uniklinik.

115 Wessen Kopf liegt am Gereonsdriesch?

☐ a) Gereons

☐ b) Kaspars

☐ c) Melchiors

☐ d) Balthasars

116 Welche Kölner Straße kann als Spickzettel für den Geschichtsunterricht dienen?

_____

117 Was ist die »Goldene Feder von Köln«?

☐ a) Die Feder, mit der im mittelalterlichen Rat wichtige Urkunden unterschrieben wurden, darunter der Verbund- und Transfixbrief sowie die Gründungsurkunde der Universität

☐ b) Der goldene Füllfederhalter, den Angestellte der Stadt zum 30-jährigen Dienstjubiläum verliehen bekommen

☐ c) Eine Auszeichnung für Rassegeflügel

☐ d) Eine Sprungfeder im Sessel des Erzbischofs, die der Legende nach aus Gold ist und der Auslöser für den Streit zwischen Erzbischof und der Stadt Köln war

118 Wer half nach dem Einbruch in die Schatzkammer des Kölner Doms in der Nacht zum 2. November 1975 bei der Tätersuche?

- ☐ a) Der Erzbischof
- ☐ b) Die Kölner Unterwelt
- ☐ c) Die Mannschaft des 1. FC Köln
- ☐ d) Der Kölner Brauerei-Verband

119 Was wird mit »Kölner Grün« bezeichnet?

- ☐ a) Die »grüne Welle« auf der Inneren Kanalstraße bei Tempo 70
- ☐ b) Die Farbe der Kölner Rheinbrücken
- ☐ c) Die Kölner Grünanlagen
- ☐ d) Der Gründonnerstag, an dem in Köln nur Gemüse verzehrt wird

120 Wieso hatte die mittelalterliche Stadtmauer 12 Torburgen?

- ☐ a) Weil die Bewohner des »hilligen Köln« dem »himmlischen Jerusalem« mit seinen 12 Stadttoren in nichts nachstehen wollten
- ☐ b) Weil sie nach den 12 Monaten benannt werden sollten
- ☐ c) Weil sie nach den 12 Aposteln benannt werden sollten
- ☐ d) Weil jede der 12 Karnevalsgesellschaften einen Sitz haben wollte, so die Roten Funken in der Ulrepforte

121 Welches Tier ist Teil des Heinzelmännchenbrunnens, obwohl es nicht zur Sage gehört?

- ☐ a) Eule
- ☐ b) Fuchs
- ☐ c) Hund
- ☐ d) Esel

122 Welches Tier lebt im Kölner Zoo?

- ☐ a) Der Prinz von Homburg
- ☐ b) Die Prinzessin von Schweden
- ☐ c) Der Prinz von Zamunda
- ☐ d) Die Prinzessin von Sambia

123 Warum regnet es in Köln so oft?

- ☐ a) Weil die Kölner ihren Teller nie leer essen
- ☐ b) Weil sich die Wolken vor den vielen Hochhäusern abregnen müssen
- ☐ c) Weil St. Severin hier begraben ist
- ☐ d) Weil die Sonne stattdessen in Düsseldorf scheint

Architektonisches Kleinod mit liebenswerten Bewohnern: Bauten & Bürger

124 **Welches ist Kölns ältestes steinernes Bauwerk?**

- ☐ a) Der Römerturm
- ☐ b) Das Ubiermonument
- ☐ c) Der Kölner Dom
- ☐ d) Das Hahnentor

125 **Nennen Sie zwei mittelalterliche Profanbauten,
die heute noch erhalten sind.**

_____

126 **Nennen Sie zwei mittelalterliche Kirchen,
die heute noch erhalten sind.**

_____

127 **Welchen »Markt« gibt es in Köln nicht?**

- ☐ a) Buttermarkt
- ☐ b) Eisenmarkt
- ☐ c) Fischmarkt
- ☐ d) Pferdemarkt

128 **Wann wurde der Neumarkt erstmals schriftlich erwähnt?**

- ☐ a) 801
- ☐ b) 1076
- ☐ c) 1568
- ☐ d) 1823

129 Welche Aussage trifft auf die Schildergasse nicht zu?

☐ a) Sie ist rund 750 Meter lang.

☐ b) Sie ist Europas meistfrequentierte Einkaufsstraße.

☐ c) Ihr Name stammt von den dort einst ansässigen Schild- und Wappenmalern.

☐ d) Es gibt einen Bierbrunnen.

130 Welches ist Kölns höchstes Bauwerk?

☐ a) Der Kölner Dom

☐ b) Der Kölnturm im MediaPark

☐ c) Der KölnTriangle in Deutz

☐ d) Der Fernsehturm Colonius

131 Welchem Gebäude am Rhein widmete der Dichter Joachim Ringelnatz ein Gedicht?

☐ a) Der Bastei

☐ b) Dem Malakoffturm

☐ c) Dem Messeturm

☐ d) Dem Pegel Köln

132 Welchen Weltrekord hielt der Kölner Dom im 19. Jahrhundert?

☐ a) Er war das teuerste Bauwerk der Welt.

☐ b) Er war das schönste Bauwerk der Welt.

☐ c) Er war das größte Bauwerk der Welt.

☐ d) Er war das älteste Bauwerk der Welt.

133 In welchem der beiden Türme des Doms hängen die Glocken?

☐ a) Im Südturm

☐ b) Im Nordturm

☐ c) In beiden

☐ d) In keinem von beiden

134 Nennen Sie sechs der zwölf
romanischen Kirchen Kölns.

_____

135 In welcher Straße liegt der Eingang
zu St. Maria im Kapitol?

☐ a) Marienplatz

☐ b) Pipinstraße

☐ c) Kasinostraße

☐ d) Cäcilienstraße

136 Welche ist nach dem Dom
die zweitgrößte Kölner Kirche?

☐ a) St. Aposteln

☐ b) St. Agnes

☐ c) St. Andreas

☐ d) St. Cäcilien

137 Welches Gotteshaus feierte
Anfang Februar 2011 Richtfest?

☐ a) Hindu-Tempel Sanatan Hari Om Mandir

☐ b) Zentralmoschee

☐ c) Pagode

☐ d) Stupa

138 Wie heißen die vier erhaltenen Tore
der ehemaligen Stadtmauer?

_____

139 Bringen Sie die folgenden Teilabschnitte des »Rings« in die richtige Reihenfolge von Süden nach Norden.

Habsburgerring, Salierring, Ebertplatz, Chlodwigplatz

_____

_____

140 Welches Gebäude ist Kölns »gute Stube«?

☐ a) Das historische Rathaus

☐ b) Der Gürzenich

☐ c) Der Rathausturm

☐ d) Groß St. Martin

141 Welche Kirche hat keinen Kleeblattchor?

☐ a) St. Maria im Kapitol

☐ b) Groß St. Martin

☐ c) St. Aposteln

☐ d) St. Cäcilien

142 Mit dem Grundriss welcher Kirche stimmt der Grundriss von St. Maria im Kapitol überein?

☐ a) Geburtskirche in Bethlehem

☐ b) Petersdom in Rom

☐ c) Notre-Dame in Paris

☐ d) Westminster Abbey in London

143 Nach wem ist die Ulrepforte benannt?

☐ a) Nach den hier einst ansässigen Töpfern

☐ b) Nach dem Bettler Ulrich, der in diesem Mauerstück eine Schlafstatt hatte

☐ c) Nach dem Baumeister Ulrich

☐ d) Nach einem Tunnel in der Mauer, durch den 5.000 Männer dem Erzbischof gegen die Stadt Köln zu Hilfe eilen wollten

144 Wie nannten die Kölner das Gefängnis, zu dem das Klarissenkloster unter den Franzosen umgebaut wurde?

- ☐ a) Bleche Botz
- ☐ b) Klingelpütz
- ☐ c) Frankenturm
- ☐ d) Weckschnapp

145 Welche Bauten findet man in Köln?

- ☐ a) Sporthallen in Gestalt von Krankenhäusern
- ☐ b) Kirchen in Gestalt von Sporthallen
- ☐ c) Bunker in Gestalt von Kirchen
- ☐ d) Krankenhäuser in Gestalt von Bunkern

146 Welches prominente Gebäudeensemble wird im Rahmen des Projekts maxCologne umgebaut und auf Neubaustandard gebracht?

- ☐ a) Rheinkontor am linksrheinischen Ufer
- ☐ b) Hochhaus der Deutschen Welle am Raderberggürtel
- ☐ c) Lufthansa-Hochhaus inklusive der Rheinetagen am rechtsrheinischen Ufer
- ☐ d) Unicenter an der Luxemburger Straße

147 Welches Kölner Hochhaus war zum Zeitpunkt seiner Entstehung das höchste in Europa?

- ☐ a) Unicenter an der Luxemburger Straße
- ☐ b) Hansahochhaus am Hansaring
- ☐ c) Colonia-Haus An der Schanz 2
- ☐ d) Deutschlandfunk-Gebäude am Raderberggürtel

148 Was bezeichnet der Kölner Volksmund als »Adenauers Pferdeställe«?

- ☐ a) Messebauten inklusive Messeturm
- ☐ b) Gebäudeensemble von Oper und Schauspielhaus
- ☐ c) Hauptgebäude der Universität
- ☐ d) Stadthaus Deutz

149 Was sind die »Poller Köpfe«?

☐ a) Die Brückenköpfe der Südbrücke

☐ b) Josef und Jan Kopf, die zwei Pächter des Verkehrs-übungsplatzes in Poll

☐ c) Graffiti mit Poller Persönlichkeiten an der Eingangs-front der Kfz-Zulassungsstelle in Poll

☐ d) Umspülte Landzungen der Poller Wiesen

150 Wo ist die sogenannte Millionenallee?

☐ a) Anstelle der »Schlossallee« auf dem Spielbrett der kölschen Monopoly-Ausgabe

☐ b) Auf dem Melatenfriedhof

☐ c) Im Villenviertel Marienburg

☐ d) In der Innenstadt alias Mittelstraße mit ihren exklusiven Edelboutiquen

151 Wie heißt im Volksmund dieser in der Südstadt gelegene Platz?

152 Welcher innerstädtische Platz macht im Sommer lautstark von sich reden?

☐ a) Brüsseler Platz

☐ b) Wiener Platz

☐ c) Takuplatz

☐ d) Lenauplatz

153 Was wird aus dem RheinEnergieStadion in der Adventszeit?

☐ a) Deutschlands größter Weihnachtsmarkt

☐ b) Deutschlands größter Adventskranz

☐ c) Deutschlands größtes Krippenspiel

☐ d) Deutschlands größte Plätzchenbäckerei

154 Welches Gebäude gibt es im Kölner Volksmund nicht in der Domstadt?

☐ a) Zitronenpresse

☐ b) Schmuckkästchen

☐ c) Waschmaschine

☐ d) Henkelmann

155 Aufgrund welcher Gebäude setzte die New York Times Köln auf die Liste der 44 fesselndsten Reiseziele in 2009?

☐ a) Kranhäuser und Rheinauhafen

☐ b) 12 romanische Kirchen

☐ c) LANXESS arena und Stadthaus in Deutz

☐ d) Elefantenpark und Hippodom im Kölner Zoo

156 Benennen Sie die Gebäude auf dem Bild.

_____

157 Wo kann man in Köln noch Paternoster fahren?
Nennen Sie zwei Gebäude.

_____

158 In welcher Form ist das Schokoladenmuseum gebaut?

☐ a) Praline

☐ b) Schiff

☐ c) Schokoladentafel

☐ d) Quadrat

159 Welchen Brunnen gibt es in Köln nicht?

☐ a) Taubenbrunnen

☐ b) Fischweiberbrunnen

☐ c) Fastnachtsbrunnen

☐ d) Tuchmacherbrunnen

160 Woran erinnert Hermann Gurfinkels
Löwenbrunnen auf dem Erich-Klibansky-Platz?

☐ a) An die im Zweiten Weltkrieg ermordeten
jüdischen Kinder aus Köln

☐ b) An einen aus dem Zoo entflohenen Löwen,
der es bis hierhin schaffte

☐ c) An die Geschichte von Daniel in der Löwengrube

☐ d) An das Löwenbräu, eine Kölschbrauerei, die aufgrund
des bayrischen Mitbewerbers schließen musste

161 Der Kölner Hauptbahnhof ist der Nabel zur Welt, denn ...

☐ a) ... er fährt jeden Bahnhof Deutschlands an.

☐ b) ... hier gibt es keine Zugverspätung.

☐ c) ... die Hohenzollernbrücke ist die meistbefahrene
Eisenbahnbrücke Deutschlands.

☐ d) ... er ist der älteste Bahnhof Deutschlands.

  Wissen Sie Köln? – Fragen

162 Die Ehrenfelder Weinsbergstraße und die Lindenthaler Woensamstraße sind benannt nach ...

- ☐ a) ... Kölner Persönlichkeiten des 16. Jahrhunderts.
- ☐ b) ... zwei Eifelstädten, die in der gedachten Verlängerung der Straßen liegen.
- ☐ c) ... zwei Mitgliedern der ersten Kölner Nachkriegs-regierung.
- ☐ d) ... zwei ehemaligen landwirtschaftlichen Versuchsbe-trieben im Bereich Weinanbau und Samenzucht.

163 Welche Funktion hat / hatte Melaten nicht?

- ☐ a) Friedhof
- ☐ b) Gerichtshof
- ☐ c) Leprosenheim
- ☐ d) Städtische Hinrichtungsstätte mit Galgen

164 Was hat Köln nicht?

- ☐ a) Einen Leuchtturm
- ☐ b) Einen Tunnel unter dem Rhein
- ☐ c) Einen Invalidendom
- ☐ d) Eine Wasserburg

165 Wie heißt die denkmalgeschützte Holzhäusersiedlung in Höhenhaus?

- ☐ a) Dänensiedlung
- ☐ b) Schwedensiedlung
- ☐ c) Finnensiedlung
- ☐ d) Norwegersiedlung

166 Die Straße »Alte Mauer am Bach« bezieht sich auf welche Mauer und welchen Bach?

- ☐ a) Die mittelalterliche Stadtmauer mit ihrem Graben
- ☐ b) Die alte Römermauer und den Duffesbach
- ☐ c) Die alte Hafenmauer und einen kleinen Rheinarm
- ☐ d) Die alte Mauer des Stapelhauses und den Blaubach

167 Welcher spätere Gründungsvater der Sozialdemokratischen Partei Deutschlands ist in den Deutzer Kasematten, einem Teil der Festung, geboren?

☐ a) August Bebel

☐ b) Wilhelm Liebknecht

☐ c) Karl Marx

☐ d) Ferdinand Lassalle

168 Wer war Sulpiz Boisserée?

☐ a) Ein Kölner Kunsthistoriker, der sich für die Vollendung des Doms einsetzte

☐ b) Ein französischer General, dem von den Kölnern die Stadtschlüssel überreicht wurden

☐ c) Ein deutsch-französischer Komponist, der sich in Köln niederließ

☐ d) Ein belgischer Kaufmann, der Tuche importierte

169 Wieso stellte Hänneschen-Theatergründer Johann Christoph Winters seiner Figur des Tünnes einen Schäl an die Seite?

☐ a) Die Bewohner der Schäl Sick baten ihn darum.

☐ b) Er bekam Konkurrenz von einem Puppentheater »op d'r Schäl Sick«.

☐ c) Er benötigte für ein Stück einen schielenden Kerl.

☐ d) Tünnes und Schäl wurden zeitgleich »geboren«.

170 Welche Aussage hat Josef Kardinal Frings nicht getätigt?

☐ a) »Jot lure kann isch schläch, ävver schläch hüre, dat kann isch jot.«

☐ b) »Herr General, ich kann leben, ohne Kardinal zu sein. Ich bitte Sie, bringen Sie mich nach Köln zurück.«

☐ c) »Werden Sie einmal Bischof, dann sagen Sie auch nicht mehr alles, was Sie vorher gesagt haben!«

☐ d) »Wer seiner Jugend nachläuft, läuft dem Alter in die Arme.«

171 Welche Person ist auf dem Bild zu sehen?

---

172 Welche Kölner Bürgerin ist orange mit braunen Beinen und Ohren, hat 2011 ihren 40. Geburtstag gefeiert und einen Freund, der immer blau ist?

---

173 Welcher Romantitel stammt nicht von Heinrich Böll?

- ☐ a) Kreuz ohne Liebe
- ☐ b) Irisches Tagebuch
- ☐ c) Gruppenbild mit Dame
- ☐ d) Homo faber

174 Welcher Kölner Ehrenbürger wartet auf dem Eisenmarkt auf Ihren Besuch?

- ☐ a) Peter Ludwig
- ☐ b) Josef Kardinal Frings
- ☐ c) Willy Millowitsch
- ☐ d) Heinrich Böll

175 Von welchem Künstler finden sich aktuell keine Werke / Projekte in Köln?

☐ a) HA Schult

☐ b) Gerhard Richter

☐ c) Gunter Demnig

☐ d) Christo

176 Welche Person ist auf dem Bild zu sehen?

_____

177 Welches Kunstwerk / -projekt stammt nicht von HA Schult?

☐ a) Trash People

☐ b) Endlose Treppe

☐ c) Weltkugel

☐ d) Flügelauto

178 Welches Kunstwerk stammt nicht von Stefan Lochner?

☐ a) »Die Muttergottes in der Rosenlaube«
 (auch: »Madonna im Rosenhag«)

☐ b) »Weltgericht«

☐ c) »Kreuz-Altar«

☐ d) »Altar der Stadtpatrone«

179 Wessen Kopf ist nicht unter den »Kölner Köpfen« im U-Bahnhof Appellhofplatz?

☐ a) deiner und meiner

☐ b) Pierre Littbarskis

☐ c) Hermann Göttings

☐ d) Ferdinand Franz Wallrafs

180 Ordnen Sie die Kunstwerke / -projekte den Künstlern zu.

Gunter Demnig	»Liebe deine Stadt«
Cosje van Bruggen / Claes Oldenburg	Stolpersteine
Wolf Vostell	Dropped Cone (Eistüte)
Merlin Bauer	Ruhender Verkehr

181 Im Jahr 2000 zog die Weltkugel von HA Schult auf das Dach des DEVK-Gebäudes. Wo war sie vorher befestigt?

☐ a) Auf der Mülheimer Brücke

☐ b) Auf der Zoobrücke

☐ c) Auf der Deutzer Brücke

☐ d) Auf der Severinsbrücke

182 Wofür entschuldigt sich Bettina Böttinger bei ihrer Mutter?

☐ a) Sie hätte eigentlich etwas »Ordentliches« lernen und Anwältin werden sollen, wurde aber Journalistin.

☐ b) Als gebürtige Düsseldorferin ist sie Kölner Lokalpatriotin geworden.

☐ c) Bettinas Dackelliebe löste bei ihrer Mutter eine Hundehaarallergie aus.

☐ d) Während sie als Kind nie mit ihrer Mutter, einer einge-fleischten Karnevalistin, Karneval feiern wollte, ist sie heute ganz vorn mit dabei.

183 An welchem Bauwerk arbeitete der in Düsseldorf ansässige Künstler Joseph Beuys mit?

☐ a) Kölner Dom

☐ b) Eingangshalle des Hauptbahnhofs

☐ c) Philosophikum der Universität

☐ d) Opernhaus

184 Was erfand Konrad Adenauer?

☐ a) Kölnisch Wasser

☐ b) Kölner Brot und Wurst

☐ c) Kölschstangen und -kränze

☐ d) Kölsches Grundgesetz

185 Was hat Trude Herr nicht gemacht?

☐ a) Tätigkeit als Schreibkraft in der Stadtverwaltung Dillenburg (1943)

☐ b) Gründung der »Kölner Lustspielbühne« (1949)

☐ c) Betrieb eines Kölschausschanks auf dem Deutzer Frühlingsfest (1966)

☐ d) Gründung des »Theaters im Vringsveedel« (1977)

186 Welcher Schachgroßmeister stammt nicht aus bzw. lebt nicht in Porz?

☐ a) Robert Hübner

☐ b) Frank Holzke

☐ c) Christopher Lutz

☐ d) Alexander Naumann

187 Für welchen Spruch wurde Udo Lattek, ehemaliger Sport-direktor des 1. FC Köln, 2010 von der Deutschen Akademie für Fußball-Kultur ausgezeichnet?

☐ a) »Im Kölner Stadion ist immer so eine super Stimmung, da stört eigentlich nur die Mannschaft.«

☐ b) »Die Deckung hat Angst vor ihrem schwachen Torwart. Deshalb spielt sie so gut!«

☐ c) »Schalke muss über seine Einkaufspolitik nachdenken. Ich kaufe lieber einen Wohnwagen in Holland als einen Spieler!« (über die schwachen Leistungen der nieder-ländischen Schalke-Neuzugänge)

☐ d) »So ist Fußball. Manchmal gewinnt der Bessere.«

188 Welche Person ist auf dem Bild zu sehen?

_____

2.000 Jahre Köln: Historisches & Anekdoten

189 Wer waren die ersten Siedler Kölns?

☐ a) Die Römer

☐ b) Die Salier

☐ c) Die Ubier

☐ d) Die Karolinger

190 Wofür steht die Abkürzung CCAA?

☐ a) Colonia Claudia Ara Agrippinensium

☐ b) Cölner Carneval Außer Aschermittwoch

☐ c) Cöln Cann Auch Anders

☐ d) Colossale Cölner Abfall Agentur

191 Wie viele Einwohner hatte das römische Köln zu seiner Blütezeit?

☐ a) 10.000–15.000

☐ b) 15.000–20.000

☐ c) 20.000–40.000

☐ d) 40.000–55.000

192 Über welche Infrastruktureinrichtung verfügten die Römer?

☐ a) Eine Art Telegrafenstation

☐ b) Einen öffentlichen Personennahverkehr mit Pferdewagen

☐ c) Ein Fernwärmenetz mit gigantischen unterirdischen Feuern

☐ d) Ein Wasserleitungssystem

193 Deutz ist ...

☐ a) ... ein ehemaliger ubischer Bauernhof.

☐ b) ... ein ehemaliger reichsstädtischer Marktplatz.

☐ c) ... ein ehemaliger fränkischer Friedhof.

☐ d) ... ein ehemaliges römisches Kastell.

194 Wann erhielt Deutz Stadtrechte?

- ☐ a) 310
- ☐ b) 1003
- ☐ c) 1230
- ☐ d) 1888

195 Von wann datiert der erste schriftliche Beleg einer jüdischen Gemeinde in Köln?

- ☐ a) 55
- ☐ b) 321
- ☐ c) 1349
- ☐ d) 1424

196 Wer übernahm nach den Römern die Herrschaft in Köln?

- ☐ a) Die Franken
- ☐ b) Die Sachsen
- ☐ c) Die Kelten
- ☐ d) Die Normannen

197 Wer war der erste (belegbare) Bischof von Köln?

- ☐ a) Joachim Kardinal Meisner
- ☐ b) Albertus Magnus
- ☐ c) Martin Luther
- ☐ d) Maternus

198 Wer war der erste Erzbischof von Köln?

- ☐ a) Hildebold
- ☐ b) Gero
- ☐ c) Anno
- ☐ d) Josef Frings

199 Was wünschte sich Hildebold der Sage nach von Karl dem Großen statt eines Goldstücks?

- ☐ a) Zwei Goldstücke für die Errichtung eines Klosters
- ☐ b) Eine Bischofskirche zum Abhalten der heiligen Messe
- ☐ c) Ein Stück Leder, um den Einband seines alten Gebetbuchs zu erneuern
- ☐ d) Eine Kuh, um frische Milch zu haben

200 Wann wurde die mittelalterliche Stadtmauer errichtet?

- ☐ a) 800
- ☐ b) 980
- ☐ c) 1090
- ☐ d) 1180

201 Was gab es im mittelalterlichen Köln nicht?

- ☐ a) Hafenarbeiter
- ☐ b) Märkte
- ☐ c) Stadttore
- ☐ d) Straßenschilder

202 Welche kostbare Reliquie brachte Rainald von Dassel nach Köln?

- ☐ a) Die Gebeine der Heiligen Drei Könige
- ☐ b) Den Petrusstab, der Maternus wieder zum Leben erweckte
- ☐ c) Die Gebeine der heiligen Ursula
- ☐ d) Die Gebeine des Märtyrers Gregor von Spoleto

203 Was ist ein Büttel?

   ☐ a) Ein Geldsäckchen, das man im Mittelalter an den Gürtel heftete

   ☐ b) Eine Art Gerichtsdiener und Vollstreckungsbeamter im Mittelalter

   ☐ c) Die Seilwinde, mit der man Kübel / Bottiche in einen Brunnen hinablassen konnte

   ☐ d) Ein Büttenmacher, also der Hersteller von Bottichen und Zubern, aus denen sich die Bütt, das Rednerpult der Büttenrede, entwickelte

204 Ja oder nein?
Im Mittelalter wurde auf
Kölner Stadtgebiet Wein angebaut.

   ☐ Ja   ☐ Nein

205 Wo wurde im Mittelalter eine Fibel getragen?

   ☐ a) Auf dem Kopf

   ☐ b) In der Tasche

   ☐ c) An den Füßen

   ☐ d) An der Kleidung

206 In Köln waren viele Währungen und internationale Münzen im Umlauf. Wonach richtete sich der Wert der Münze?

   ☐ a) Gewicht und Material

   ☐ b) Herkunft und Prägestätte

   ☐ c) Durchmesser und Dicke

   ☐ d) Herrscherporträt auf der Münze

207 Welche war die größte Kölner Zunft?

   ☐ a) Bäcker

   ☐ b) Schmiede

   ☐ c) Weber

   ☐ d) Brauer

208 Wer wurde im Mittelalter als »Goldgräber« bezeichnet?

- ☐ a) Der Wächter des Domschatzes, der hauptsächlich aus Gold bestand
- ☐ b) Der Steuereintreiber, der in den Ersparnissen der Bürger gern nach »Gold grub«
- ☐ c) Der Kloakenreiniger, dessen stinkende Tätigkeit mit diesem Euphemismus bezeichnet wurde
- ☐ d) Der Schatzwart im Rathaus, der sich gern mal an der Stadtkasse bediente

209 Wo befanden sich die mittelalterlichen Rheinmühlen in Köln?

- ☐ a) Im Rheinauhafen
- ☐ b) Auf dem Rhein
- ☐ c) Am Heumarkt (Malzmühle)
- ☐ d) In der Mühlengasse

210 Wie sorgte der Büttel nach Marktende dafür, dass verdorbener Fisch am nächsten Tag nicht mehr als frisch verkauft wurde?

- ☐ a) Er schlug ihm den Kopf ab.
- ☐ b) Er kippte ihn in den Rhein.
- ☐ c) Er schnitt ihn quer durch.
- ☐ d) Er verteilte ihn an die Armen.

211 Welche Sage rankt sich um den mysteriösen Tod des ersten Dombaumeisters Gerhard von Ryle, der im April 1271 vom Dom stürzte?

- ☐ a) Die Intrige auf der Dombaustelle
- ☐ b) Der göttliche Vertrag im Kölner Dom
- ☐ c) Der Hexenaufstand im Kölner Dom
- ☐ d) Die Teufelswette vom Kölner Dom

212 Welche sagenhafte Glocke ist für den Tod des Glockengießers Wolf verantwortlich?

☐ a) Die Teufelsglocke

☐ b) Die himmlische Glocke

☐ c) Die Schweinsglocke

☐ d) Die Feuerglocke

213 Welches historische Ereignis ist der Grundstein für die Rivalität zwischen Köln und Düsseldorf?

☐ a) Die Ernennung Kölns zum Erzbistum 795

☐ b) Der Bau der Kölner Stadtmauer ab 1179

☐ c) Die Verleihung des Stapelrechts an Köln 1259

☐ d) Die Schlacht von Worringen 1288

214 Wann wurde die Kölner Universität gegründet?

☐ a) 1388

☐ b) 1798

☐ c) 1919

☐ d) 1988

215 Was ist der »Kölner Brand«?

☐ a) Ein mittelalterliches Gütesiegel für Fisch

☐ b) Ein Großfeuer im Jahr 1131, das weite Teile der aus Holz gebauten Stadt zerstörte

☐ c) Das Feuer im Schmelzofen der Kölner Glashütte, aus deren Produktion besonders hartes Glas stammte

☐ d) Ein Branntwein, der sich neben dem alltäglichen Bier nicht durchsetzen konnte

216 Was ist der »Verbundbrief«?

☐ a) Die Gründungsurkunde der Kölner Universität

☐ b) Die Beitrittserklärung der Freien Reichsstadt Köln zur Hanse

☐ c) Die erste Kölner Verfassung

☐ d) Der Beschluss, das rechtsrheinische und linksrheinische Köln mit einer Brücke zu verbinden

217 Was ist der »Transfixbrief«?

    ☐ a) Die Erlaubnis zum schnellen Passieren der Kölner
       Stadttore für Handelsreisende

    ☐ b) Freies Geleit für Missionare

    ☐ c) Eine Ergänzung zum Verbundbrief

    ☐ d) Ein Spezialbrief, der innerhalb von drei Tagen
       die Handelspartner in Antwerpen erreichte

218 Was ist das Stapelrecht?

    ☐ a) Das erzbischöfliche Recht, in Predigten
       hochzustapeln, also zu übertreiben

    ☐ b) Das Recht für arme Familien, mehrere Tote in
       einem Grab zu bestatten, also quasi zu »stapeln«

    ☐ c) Das Recht für Bürger, in der mittelalterlich
       engen Stadt Häuser vier Stockwerke hoch zu bauen

    ☐ d) Das Vorkaufsrecht für Kölner, Waren, die Köln
       eigentlich passieren sollten, zu kaufen

**219 Welcher Kölner Gelehrte soll der Sage nach einen
künstlichen Menschen aus Metall geschaffen haben?**

    ☐ a) Ferdinand Franz Wallraf

    ☐ b) Thomas von Aquin

    ☐ c) Wilhelm Joest

    ☐ d) Albertus Magnus

220 Woher stammen die Kölner Stadtfarben Rot und Weiß?

    ☐ a) In Köln wurden während der französischen Besatzung
       das erste Mal Kartoffelstifte frittiert und mit Tomaten-
       und Eisauce serviert: Pommes rot/weiß.

    ☐ b) Köln hat als Mitglied die Farben der deutschen Hanse –
       Rot und Weiß – übernommen.

    ☐ c) Die Uniformen der Stadtwache waren rot und weiß.

    ☐ d) Der erste Kölner Karnevalsverein trug die Farben Rot
       und Weiß.

221 Was symbolisieren die elf schwarzen Flammen, Tränen oder Tropfen im Kölner Stadtwappen?

☐ a) 11.000 Jungfrauen, die den Märtyrertod starben

☐ b) Den 11.11. als Karnevalsbeginn

☐ c) Die Feuer in den elf Schmieden der Stadt, die bis nach Italien bekannt waren

☐ d) Elf verheerende Unwetter, die Köln ohne große Schäden überstand

222 Worum handelt es sich beim »Weck« in der »Weckschnapp«-Sage?

☐ a) Turm

☐ b) Gericht

☐ c) Brot

☐ d) Gefangener

223 Welche Tiere laufen in der Richmodissage eine Treppe hinauf und schauen zum Fenster hinaus?

☐ a) Hund und Katze

☐ b) 2 Geißböcke

☐ c) Pferd und Esel

☐ d) 2 Pferde

224 Welche Frauenzunft gab es in Köln nicht?

☐ a) Seidmacherinnen

☐ b) Bäckerinnen

☐ c) Garnmacherinnen

☐ d) Goldspinnerinnen

225 Wann wird Köln offiziell Freie Reichsstadt?

☐ a) 1259 mit der Einführung des Stapelrechts

☐ b) 1288 nach der »Schlacht von Worringen«

☐ c) 1475 nach dem Engagement im »Neusser Krieg«

☐ d) 1794 mit dem Einmarsch der Franzosen

226 Was verzeichnet die »Koelhoffsche Chronik« von 1499?

☐ a) Die Buchhaltung des Kölner Stapelhauses

☐ b) Die landwirtschaftlichen Erträge des »Koelhoffs«, also »Kohlhofs«, vorm nördlichen Stadttor

☐ c) Die Ratsprotokolle des Schreibers Johann Koelhoff

☐ d) Die Kölner Stadtgeschichte

227 In welchen Krieg zog der Sage nach der von Griet verschmähte Jan (Johann) von Werth?

☐ a) Dreißigjähriger Krieg (1618–1648)

☐ b) Siebenjähriger Krieg (1756–1763)

☐ c) Befreiungskriege (1813–1815)

☐ d) Deutsch-Französischer Krieg (1870–1871)

228 Gegen wen richtete sich die vom Rat 1714 erlassene »Beysassenverordnung«?

☐ a) Gegen nicht gewählte Berater der Ratsherren

☐ b) Gegen Anwälte von Angeklagten vorm Hohen Gericht

☐ c) Gegen Protestanten in Köln

☐ d) Gegen das Domkapitel

229 Wer war der erste Produzent von »Kölnisch Wasser«?

☐ a) Johann Maria Farina

☐ b) Giovanni Paolo de Feminis

☐ c) Wilhelm Mühlens

☐ d) Napoleon Bonaparte

230 Nicht nur Protestanten, auch Juden durften nicht in Köln siedeln. Was benötigten sie zum Passieren des Stadttores?

☐ a) Erlaubnisschein

☐ b) Kölner Bürgen

☐ c) Einladung eines Ratsherrn

☐ d) Sie durften unter keinen Umständen passieren.

231 Wer ist schuld, dass die Heinzelmännchen den Kölnern nicht mehr die Arbeit abnehmen?

☐ a) Des Bäckers Weib

☐ b) Des Schneiders Weib

☐ c) Des Metzgers Weib

☐ d) Des Schreiners Weib

232 Woher stammen der Sage nach die Kölner Kinder?

☐ a) Vater Rhein spült sie ans rechte Rheinufer, heute Jugendpark.

☐ b) Der Nubbel bringt sie denjenigen Frauen, die ihm Karneval ein Zeichen gaben.

☐ c) Maria hütet die Kinder neun Monate auf dem Grund des Kunibertspütz' (Brunnen).

☐ d) Die Stadtheilige Ursula legt sie vor den Pforten des Doms ab.

233 Welche drei Worte beschreiben den Zustand in Köln beim Einmarsch der Franzosen 1794?

☐ a) verdreckt, rückständig, verarmt

☐ b) sauber, prosperierend, aufgeschlossen

☐ c) frisch, fromm, fröhlich

☐ d) aufgeräumt, organisiert, wohlhabend

234 Als die Franzosen nach Köln kamen, sorgten sie für Ordnung. Wer war 1812 damit beauftragt, die Kölner Straßennamen ins Französische zu übersetzen?

☐ a) Sulpiz Boisserée

☐ b) Johann Heinrich Richartz

☐ c) Jacques Offenbach

☐ d) Ferdinand Franz Wallraf

235 Was erschien 1795 zum ersten Mal?

☐ a) Kölner Adressbuch

☐ b) Kölner Geburtenregister

☐ c) Buch zur Kölner Stadtgeschichte

☐ d) Bibel auf Kölsch

236 Wann fanden die ersten öffentlichen evangelischen Gottesdienste in Köln statt?

☐ a) 1350 mit dem Bau der Antoniterkirche

☐ b) 1518, kurz nach Luthers Thesen-Anschlag

☐ c) 1582 mit der Lossagung des Erzbischofs Gebhard Truchsess von Waldburg von der katholischen Kirche und der Heirat mit der protestantischen Stiftsdame Agnes von Mansfeld

☐ d) 1802 mit der französischen Religionsfreiheit

237 Welcher berühmte Nichtkölner gab einen entscheidenden Anstoß zur Sanierung und zum Weiterbau des Doms im 19. Jahrhundert?

☐ a) Napoleon Bonaparte

☐ b) Johann Wolfgang von Goethe

☐ c) Alexander von Humboldt

☐ d) Jane Austen

238 Von wann bis wann war Köln Festungsstadt?

☐ a) 1764–1794

☐ b) 1815–1918

☐ c) 1871–1914

☐ d) 1919–1945

239 Wann machte der erste Rosenmontagszug seine Runden?

☐ a) 50 n. Chr. mit der Gründung der CCAA

☐ b) 1259 mit der Einführung des Stapelrechts

☐ c) 1823 mit der Karnevalsreform

☐ d) 1949 nach dem Zweiten Weltkrieg

240 Wann wurde die mittelalterliche Stadtmauer geschleift?

☐ a) 1794

☐ b) 1881

☐ c) 1918

☐ d) 1945

241 Wann und wodurch hatte Köln erstmals seit der Römerzeit wieder eine zentrale Wasserversorgung?

☐ a) Überkellerung des Duffesbaches im 17. Jahrhundert

☐ b) Instandsetzung der Wasserleitung unter den Franzosen 1800

☐ c) Verbindung der Rheinau-Insel mit dem Rheinufer zu einem Hafenbecken 1847–1850

☐ d) Bau des Wasserturms 1868–1872

242 Welchen Decknamen verwendeten die Kölner für die BBC, die im Zweiten Weltkrieg deutschsprachige Programme sendete?

☐ a) Nippeser Sender

☐ b) Ehrenfelder Sender

☐ c) Dünnwalder Sender

☐ d) Longericher Sender

243 Wie hieß die Ehrenfelder Gruppe jugendlicher NS-Regimegegner, an die inzwischen ein Festival im Friedenspark erinnert?

_____

244 Was geschah mit dem Karneval im Nationalsozialismus?

☐ a) Er wurde verboten und fiel deshalb aus.

☐ b) Er war zwar verboten, fand aber im Geheimen statt.

☐ c) Er fand statt und übte Kritik gegen das Regime.

☐ d) Er fand statt und passte sich der nationalsozialistischen Ideologie an.

245 Welchen Beinamen gaben die Kölner der steinernen Madonna von St. Kolumba?

_____

246 Was bedeutet der Ausdruck »fringsen«?

- ☐ a) Kohlen klauen
- ☐ b) schwarzfahren
- ☐ c) Zeche prellen
- ☐ d) Trickbetrug begehen

247 Was plante man in den 1960ern für den Inneren Grüngürtel?

- ☐ a) Einen Studentenwohnheimkomplex mit Wohnungen, Supermärkten und Bibliothek
- ☐ b) Eine Stadtautobahn zwischen Innerer Kanalstraße und Eisenbahnring
- ☐ c) Eine Sportanlage für die Sporthochschule Köln mit Stadion, Schwimmbecken und Tennisplätzen
- ☐ d) Einen Parkhauskomplex, um die Innenstadt vom gestiegenen Autoverkehr zu entlasten

248 In welcher Bundesligasaison wurde der 1. FC Köln das erste Mal Deutscher Meister?

- ☐ a) 1963/64
- ☐ b) 1964/65
- ☐ c) 1965/66
- ☐ d) 1967/68

249 Wann fanden in Köln die ersten Demonstrationen für die Rechte von Schwulen, Lesben und Transgender statt?

- ☐ a) 1969
- ☐ b) 1971
- ☐ c) 1991
- ☐ d) 2002

250 Der Abriss welches/welcher Gebäude führte 1980 zur größten Hausbesetzung Kölns?

☐ a) Des Barmer Viertels in Deutz

☐ b) Des Schauspielhauses und der Oper in der Innenstadt

☐ c) Der Schokoladenfabrik Stollwerck im Severinsviertel

☐ d) Des alten Opernhauses am Rudolfplatz

251 Mit welcher Kampagne demonstrierten Kölner Künstler 1992 gegen rechte Gewalt?

☐ a) Do kanns mich krützwies am Arsch lecke.

☐ b) Biste jeck?

☐ c) Köln stellt sich quer.

☐ d) Arsch huh, Zäng ussenander

252 Wer lag den G-8-Regierungschefs beim Weltwirtschafts-gipfel in Köln am 18. Juni 1999 zu Füßen?

☐ a) Der Kölner Schutzpatron Severin

☐ b) Die Stadtnarren Tünnes und Schäl

☐ c) Der Weingott Dionysos

☐ d) Die Kölner Heinzelmännchen

253 Erschreckende Zwischenbilanz: Welchen Zwischenfall bzw. welches Unglück gab es beim Bau der Nord-Süd Stadtbahn nicht?

☐ a) Den schiefen Turm von St. Johann Baptist mit einer Neigung von 70 Zentimetern

☐ b) Den Einsturz des Historischen Archivs der Stadt Köln und Nachbargebäude

☐ c) Die Beschädigung eines Gasrohrs, in deren Folge der Strom in der Innenstadt für vier Stunden abgeschaltet werden musste

☐ d) Eine 100-Meter-Strecke zwischen den Haltestellen Rathaus und Heumarkt, die fälschlicherweise nach den Plänen der Strecke zwischen Heumarkt und Severin-straße gebaut wurde

254 Gegen welchen Ratsbeschluss demonstrierten die Karnevalsjecken Anfang 2008 mit schwarzen Pappnasen?

◻ a) Gegen das Glasverbot im Karneval

◻ b) Gegen den Einsatz von Schirmen zum Kamellefangen beim Rosenmontagszug

◻ c) Gegen das Schunkelverbot beim Sitzungskarneval

◻ d) Gegen das Kölner Platzkonzept

255 Welche Pläne kippte ein Kölner Bürgerbegehren im April 2010?

◻ a) Den Abriss des Musical Domes

◻ b) Den Abriss des Cinedoms

◻ c) Den Abriss des Schauspielhauses und der Opernterrassen

◻ d) Den Abriss des Palladiums und des E-Werks

256 Wie viele Einwohner hat Köln? (Stand: 2010)

☐ a) 777.888

☐ b) 950.937

☐ c) 1.027.504

☐ d) 1.111.111

257 Wie viele Quadratkilometer umfasst das Kölner Stadtgebiet? (Stand: 31.12.2009)

☐ a) 111 km²

☐ b) 222,89 km²

☐ c) 353.53 km²

☐ d) 405,16 km²

258 Wie groß ist der Gesamtumfang des Kölner Stadtgebiets? (Stand: 2010)

☐ a) rd. 11 km

☐ b) rd. 130 km

☐ c) rd. 300 km

☐ d) rd. 800 km

259 Wie groß ist Köln in seiner Ausdehnung? (Stand: 2010)

☐ a) Ost−West 22,3 km, Nord−Süd 29,9 km

☐ b) Ost−West 19,8 km, Nord−Süd 27,7 km

☐ c) Ost−West 30,1 km, Nord−Süd 26,4 km

☐ d) Ost−West 27,6 km, Nord−Süd 28,1 km

260 Wie viele Quadratkilometer des Kölner Stadtgebiets sind bebaut? (Stand: 2009)

☐ a) 137,03 km²

☐ b) 173,84 km²

☐ c) 208,95 km²

☐ d) 227,19 km²

261 Wie viele Quadratkilometer Parks und Grünanlagen gibt es im Kölner Stadtgebiet?

☐ a) 11,11 km²

☐ b) 22,38 km²

☐ c) 33,83 km²

☐ d) 41,91 km²

262 Wie viele Quadratkilometer Wald gibt es im Kölner Stadtgebiet?

☐ a) rd. 32 km²

☐ b) rd. 47 km²

☐ c) rd. 62 km²

☐ d) rd. 77 km²

263 Wie viele Quadratkilometer des Kölner Stadtgebiets werden landwirtschaftlich und gärtnerisch genutzt? (Stand: 2009)

☐ a) 10,37 km²

☐ b) 32,48 km²

☐ c) 72,37 km²

☐ d) 85,37 km²

264 Wie viele Quadratkilometer Wasserfläche gibt es im Kölner Stadtgebiet? (Stand: 2009)

☐ a) 20,4 km²

☐ b) 25,1 km²

☐ c) 31,9 km²

☐ d) 35,5 km²

265 Wie viele Einwohner pro Quadratkilometer gibt es in Köln? (Stand: 31.12.2009)

☐ a) 1.111

☐ b) 2.294

☐ c) 2.518

☐ d) 3.333

Wissen Sie Köln? – Fragen

266 Wie hoch ist das Durchschnittsalter der Kölner?
(Stand: 31.12.2009)

☐ a) 28,7 Jahre
☐ b) 41,8 Jahre
☐ c) 55,6 Jahre
☐ d) 63,1 Jahre

267 Wie viele Einwohner mit Migrationshintergrund hat Köln?
(Stand: 2010)

☐ a) 111.111
☐ b) 284.634
☐ c) 333.333
☐ d) 341.122

268 In wie vielen der 537.017 Kölner Haushalte leben Kinder?
(Stand: 2010)

☐ a) 65.337
☐ b) 97.598
☐ c) 110.434
☐ d) 125.395

269 Wie viele Kölner Schülerinnen und Schüler gibt es an allgemeinbildenden Schulen (ohne 2. Bildungsweg, freie Waldorfschule)? (Stand: 2010)

☐ a) 100.800
☐ b) 111.111
☐ c) 129.493
☐ d) 223.223

270 Wie viele allgemeinbildende Schulen gibt es in Köln (ohne freie Waldorfschule)? (Stand: 2010)

☐ a) 222
☐ b) 275
☐ c) 300
☐ d) 333

271 Wie viele Studierende gibt es in Köln insgesamt? (WS 2009/10)

☐ a) 67.402

☐ b) 70.027

☐ c) 82.707

☐ d) 111.111

272 Wie viel Prozent der Kölner Bürger sind katholisch?
(Stand: 2010)

☐ a) 38,56 Prozent

☐ b) 55,39 Prozent

☐ c) 68,47 Prozent

☐ d) 82,95 Prozent

273 Wie viele Mitglieder zählt die Kölner Synagogen-Gemeinde?

☐ a) ca. 4.000

☐ b) ca. 4.500

☐ c) ca. 5.000

☐ d) ca. 5.600

274 Wie viele Muslime leben in Köln?

☐ a) < 50.000

☐ b) 96.000

☐ c) 100.000

☐ d) > 120.000

275 Wie viele Kirchen gibt es in Köln?

☐ a) 111

☐ b) 193

☐ c) 244

☐ d) 333

276 Wie viele Synagogen gibt es in Köln?

☐ a) keine
☐ b) 1
☐ c) 2
☐ d) 3

277 In wie viele Stadtbezirke ist Köln unterteilt?

☐ a) 2
☐ b) 9
☐ c) 11
☐ d) 43

278 Aus welchen Stadtteilen besteht der Stadtbezirk Nippes?

_____

_____

_____

279 In wie viele Stadtteile ist Köln unterteilt?

☐ a) 43
☐ b) 54
☐ c) 86
☐ d) 111

280 Liegt der Stadtteil Ensen links- oder rechtsrheinisch?

_____

281 Zu welchem Stadtbezirk gehört der Stadtteil Finkenberg?

☐ a) Chorweiler

☐ b) Rodenkirchen

☐ c) Kalk

☐ d) Porz

282 Wie viele zugelassene Kfz gibt es in Köln? (Stand: 31.12.2009)

☐ a) 111.111

☐ b) 339.339

☐ c) 487.761

☐ d) 629.003

283 Wie lang sind die Kölner Straßen insgesamt (inkl. Autobahnen, Bundes-, Landes-, Kreis- und Gemeindestraßen)?
(Stand: 2009)

☐ a) 2.561 km

☐ b) 2.654 km

☐ c) 2.798 km

☐ d) 2.897 km

284 Wie lang ist die längste Kölner Straße?

☐ a) 17,9 km

☐ b) 21,6 km

☐ c) 23,9 km

☐ d) 25,8 km

285 Wie lang ist die reguläre Amtszeit des Kölner Oberbürgermeisters? (Stand: 2011)

☐ a) 4 Jahre

☐ b) 5 Jahre

☐ c) 6 Jahre

☐ d) 8 Jahre

286 Wie viele Bürgermeisterinnen und Bürgermeister stehen an der Seite des Oberbürgermeisters?

☐ a) 4

☐ b) 6

☐ c) 7

☐ d) 9

287 Wie viele Mitglieder sitzen im Kölner Rat (ohne Oberbürgermeister)?

☐ a) 60

☐ b) 70

☐ c) 80

☐ d) 90

288 Wie lang ist die Wahlperiode bei der Kommunalwahl?

☐ a) 3 Jahre

☐ b) 4 Jahre

☐ c) 5 Jahre

☐ d) 6 Jahre

289 In wie viele Dezernate ist die Kölner Stadtverwaltung eingeteilt?

☐ a) 4

☐ b) 8

☐ c) 12

☐ d) 16

290 Nennen Sie drei der Kölner Dezernate.

_____

_____

_____

291 Wie viele Mitarbeiterinnen und Mitarbeiter hat die Kölner Stadtverwaltung?

- ☐ a) 11.000
- ☐ b) 13.000
- ☐ c) 15.000
- ☐ d) 17.000

292 Wie viele Hörfunkgeräte sind in Köln gemeldet?
(Stand: 31.12.2009)

- ☐ a) 562.976
- ☐ b) 590.424
- ☐ c) 628.420
- ☐ d) 700.325

293 Wie viele Fernseher sind in Köln gemeldet? (Stand: 31.12.2009)

- ☐ a) 111.111
- ☐ b) 446.243
- ☐ c) 635.433
- ☐ d) 750.389

294 Wie viele Kinoleinwände/-säle gibt es in Köln?
(Stand: 31.12.2009)

- ☐ a) 45
- ☐ b) 56
- ☐ c) 67
- ☐ d) 78

295 Wie viele Sitzplätze bieten die Kölner Kinos insgesamt?
(Stand: 31.12.2009)

- ☐ a) 9.511
- ☐ b) 10.723
- ☐ c) 11.015
- ☐ d) 12.003

296 Wie häufig gingen die Kölner 2009 insgesamt ins Kino?

☐ a) 111.111-mal

☐ b) 2.099.437-mal

☐ c) 2.348.483-mal

☐ d) 2.700.681-mal

297 Wie hoch war 2009 der durchschnittliche Preis für ein Kinoticket?

☐ a) 5,55 Euro

☐ b) 6,55 Euro

☐ c) 6,95 Euro

☐ d) 7,15 Euro

298 Wie viele Tierarten gibt es im Kölner Zoo? (Stand: 2009)

☐ a) 111

☐ b) 357

☐ c) 746

☐ d) 987

299 Wie viele Tiere gibt es insgesamt im Kölner Zoo? (Stand: 2009)

☐ a) 1.111

☐ b) 3.437

☐ c) 7.549

☐ d) 9.179

300 Wie viele Besucher verzeichnete der Zoo 2009?

☐ a) 589.373

☐ b) 735.349

☐ c) 1.111.111

☐ d) 1.509.600

Teil 2: Antworten

Alles, nur nicht alltäglich: Leben in Köln

1 Wie lautet Artikel 1 aus dem »Kölschen Grundgesetz«?
d) Et es wie et es. Auch wenn die verschiedensten Ausgaben des Gesetzes zum Ende und in ihrer Artikelanzahl variieren, sind sich die Verfasser zumindest in einem einig: Et es wie et es – man muss den Tatsachen halt ins Auge sehen.

2 Welches Maskottchen hat der 1. FC Köln?
b) Geißbock. Karneval 1950 überreichte Zirkusdirektorin Carola Williams dem FC während einer Karnevalssitzung im Zirkuszelt einen Geißbock als Glücksbringer. Namenspatron war der Trainer Hennes Weisweiler.

3 Der Kölner ist gern an und für sich.
Konjugieren Sie das kölsche Verb »sin« (= sein).
ich bin, do bes, hä es, mer sin, se sin, ehr sid; bes! sid!
Sollten Sie an den Imperativ gedacht haben, dürfen Sie sich einen Extrapunkt geben.

4 Womit brauchen Kölner Autofahrer
in der Innenstadt nicht zu rechnen?
d) Grüne Welle auf dem Ring. Autofahren in Köln macht Spaß – wenn man ein Navi hat oder sich auskennt. Ansonsten muss man starke Nerven haben. Es gibt sogar Imis, die behaupten, es gäbe Einbahnstraßengeflechte, aus denen man ohne illegales Linksabbiegen nicht mehr hinauskäme. Übrigens: Auch nachts staut es sich in der City. Glauben Sie nicht? Dann fahren Sie mal in Wochenendnächten über den Ring!

5 Was ist die KVB?
a)–c). Die KVB ist alles son bisschen und gar nichts so ganz, weshalb es für jede Antwort einen Punkt gibt. Es gibt Strecken, die in Teilen unterirdisch fahren und deren Bahnhöfe mit U gekennzeichnet sind. Andere Strecken erfüllen die Kriterien einer Stadtbahn, nämlich Trennung vom Straßenverkehr und stufenloser Einstieg, und wiederum andere teilen sich als Straßenbahn die Fahrspur mit dem Autoverkehr und müssen »auf Sicht« gefahren werden. Wenn Sie a) bis c) angekreuzt haben, dürfen Sie sich zwei Extrapunkte geben.

Wissen Sie Köln? – Antworten

6 Wie viele Spiele fanden während der Fußball-WM 2006 in Köln statt?

b) 5, und zwar: Angola – Portugal (0:1), Tschechien – Ghana (0:2), Schweden – England (2:2), Togo – Frankreich (0:2), Schweiz – Ukraine (0:3).

7 Wer ist das Pendant zum Köbes?

c) Dä Zappes. Während der Köbes traditionell in den Brauhäusern das Bier serviert, ist es der Zappes, der das Bier vom Fass in die Gläser zapft.

8 Wie machen Sie einem Köbes klar, dass Sie kein Kölsch mehr wollen?

a) Bierdeckel auf die Stange legen. Es gehört zum guten Ton im Brauhaus, dass Sie gar nicht gefragt werden, ob Sie noch ein Kölsch wollen, sondern einfach eins vor die Nase gesetzt bekommen – solange Sie nicht Methode a) anwenden. Methode b) hilft dabei überhaupt nicht – ein Köbes lässt sich per se nicht ignorieren –, Methode c) sollten Sie nach dem Einsatz von Methode a) folgen lassen und Methode d) gar nicht erst versuchen.

9 Ja oder nein? Am Flughafen Köln-Bonn wird Kölsch gebraut.

Nein. Was man eigentlich so stehen lassen könnte. Verwiesen sei an dieser Stelle jedoch noch auf die 1985 in Kraft getretene Kölsch-Konvention des Kölner Brauerei-Verbands e.V., die die Wettbewerbsregeln der Kölsch-Brauer formuliert.

10 Die Kölner sind schwer verliebt. Woran wird das deutlich?

c) An den Liebesschlössern auf der Hohenzollernbrücke. Seit 2008 hängen Verliebte nach einem italienischen Brauch ein Vorhängeschloss mit ihren Namen an die Gitter der Hohenzollernbrücke und werfen den Schlüssel in den Rhein – auf dass ihre Liebe ewig halte. Die rund 2 Tonnen (April 2011) Liebeslast trägt die Brücke spielend und wird von der Deutschen Bahn AG geduldet.

11 Das gibt es nur in Köln ...

a) Unter Denkmalschutz stehende Kölschtrinker. Eigentlich kennt es (fast) jeder Nachtschwärmer: das Reissdorf-Pärchen an der Aachener Straße / Rudolfplatz. 1968 zu Werbezwecken installiert, ist die Neonreklame, die zwischen einem Kölsch trinkenden Mann und einer Kölsch trinkenden Frau wechselt, inzwischen ein Wahrzeichen im Belgischen Viertel.

12 Wie lautet das Motto des jährlich stattfindenden Frühjahrsputzes in Köln?

b) Kölle putzmunter. Seit 2001 finden sich jährlich Tausende Kölnerinnen und Kölner jeder Altersklasse zusammen, die Straßen, Plätze und Grünanlagen ehrenamtlich sauber und Köln damit lebenswerter machen.

13 Welcher Weltrekord wurde gleich beim ersten Köln Marathon 1997 aufgestellt?

a) Teilnehmerrekord bei einer Marathonpremiere. Insgesamt 12.060 Teilnehmer kamen 1997 ins Ziel, angefeuert von den inzwischen bis zu 700.000 Zuschauern. Wegen der tollen Atmosphäre gehen viele der Läufer, Inlineskater und Handbiker seit Jahren an den Start.

14 Welchen Weltmeistertitel errang Deutschland 2007 auf Kölner Boden?

d) Den Weltmeistertitel im Handball der Herren. Vom 19. Januar bis 4. Februar 2007 war Deutschland Gastgeber der 20. Handball-Weltmeisterschaft der Herren. Das »Wintermärchen«, der Finalsieg der deutschen Mannschaft, ereignete sich am 4. Februar in der damaligen Kölnarena; Deutschland setzte sich mit 29 zu 24 gegen Polen durch. Zuvor hatten bereits zwei Viertelfinalspiele, das Halbfinale und das Spiel um Platz drei in der Kölnarena stattgefunden.

15 In der wievielten Generation gibt es Maskottchen Hennes beim 1. FC Köln? (Stand: 2011)

c) 8. Generation. Am 24. Juli 2008 löste Hennes VIII. seinen an Arthrose erkrankten Vorgänger ab. Die Vereinsmitglieder hatten ihn per Onlinevoting gewählt – und waren insgeheim recht froh über die Ablöse: In die 12-jährige Amtszeit von Hennes VII. fallen alle Abstiege des Vereins in die zweite Liga.

16 Scherzfrage: Wie läuten Kölner Türklingeln?

Klüngelüngelüng. Wenn Sie auf diese Antwort gekommen sind, dürfen Sie sich einen Extrapunkt geben.

17 Woher stammt der Begriff »Böchelskrom« für minderwertigen Hausrat?

b) Vom »Büchel« = Hügel, dem Namen der Kölner Gässchen, in denen Alt- und Gebrauchtwarenhändler ihre Waren anboten.

Wissen Sie Köln? – Antworten

Diese Gässchen galten nicht als der beste Standort. Heute zeugen noch die Namen Am Malzbüchel oder Krummer Büchel von ihnen.

18 Wessen Heimspielstätte ist die LANXESS arena?
Der Kölner Haie. Wenn die Spieler übers Eis flitzen, strömen rund 12.600 Fans in die eisige Halle, die bei heißen Spielen zu einem wahren Haifischbecken wird.

**19 Für Kölner sind seltsame Veedelsnamen alltäglich.
Aber warum heißt Zollstock eigentlich Zollstock?**
b) Wegen des Zollhauses (»Zollstock«), das an der Kreuzung eines Feldweges mit dem um Köln führenden Bischofsweg stand. Dieses Zollhäuschen nebst Schlagbaum und gepflastertem Zollstocksweg ziert das veedelseigene Wappen. Im oberen Teil zeigt es die drei Kronen des Kölner Wappens.

20 Und warum heißt Nippes Nippes?
a) + b) Die Herkunft ist nicht eindeutig, für beide Versionen sprechen Gründe. So liegen viele Orte namens Nippes auf Anhöhen, während der alte Rheinarm, dessen Reste heute das Nippeser Tälchen ausmachen, einst durch Nippes verlief. Übrigens gibt es die Urkunde von 1549 tatsächlich, wobei »am Nippis/Nippes« der ursprüngliche Name von Nippes ist. Sie dürfen sich einen Extrapunkt geben, wenn Sie a) und b) angekreuzt haben.

**21 Für FC-Fans kein Problem – Ergänzen Sie die nächste Zeile:
»Ehrenfeld, Raderthal, Nippes, Poll, Esch, Pesch un Kalk ...«**
»... Üvverall jitt et Fans vom FC Kölle« – ganz klar, hierbei handelt es sich um die FC-Kölle-Hymne der Höhner.

**22 Für welche Verdienste wird die
Willi-Ostermann-Medaille verliehen?**
a) Verdienste um das Kölner Lied. Sie ist die höchste Auszeichnung des Kölner Karnevals und wird in unregelmäßigen Abständen während der Prinzenproklamation überreicht. Gestiftet wurde sie 1967 zu Ehren Willi Ostermanns, der sein Werk an bekannten Kölner Heimat- und Karnevalsliedern mit dem Titel »Heimweh nach Köln« beschloss. Die inoffizielle Kölner Stadthymne, die unter dem Titel »Ich mööch zo Foß noh Kölle gon« bekannt ist, begann er kurz vor seinem Tod, die letzte Strophe vollendete der Karnevalist Thomas Liessem nach Ostermanns Tod und trug den Refrain während dessen Beerdigung vor.

23 Für welche Kirchen ist Köln bekannt?

d) 12 romanische Kirchen. Ferner gibt es etliche kleinere romanische Kirchen, die einst Pfarrkirchen der Dörfer rund um Köln waren, heute jedoch zum Stadtgebiet gehören. Der »Förderverein Romanische Kirchen Köln e. V.« unterstützt die Erhaltung und Ausgestaltung der Kirchen und bietet Führungen, Vorträge und Konzerte an.

24 Wem gehört der Kölner Dom?

d) Der Hohen Domkirche zu Köln. Der Grundbucheintrag verzeichnet die »Hohe Domkirche zu Köln, vertreten durch das Metropolitankapitel« als Eigentümerin, eine juristische Person des öffentlichen Rechts. Vertreten wird sie deshalb vom Domkapitel, einem Kollegium aus Geistlichen mit dem Dompropst an der Spitze.

25 Wie lautet die Adresse des Kölner Doms?

a) Domkloster 4. Allerdings ist der Kölner Dom so bekannt, dass ein Paket aus China nur mit dem Aufdruck »Cathedral Cologne« ohne Verzögerung ankam. Drin waren Taschenwärmer mit Dom-Aufdruck – weil es im winterlichen Dom so kalt ist.

26 Wovon werden Touristen, nicht aber Kölner auf der Domplatte überrascht?

a) Vom Zug. Dafür ist nicht etwa der nahe gelegene Hbf verantwortlich, sondern Höhe, Abstand und Oberflächenstruktur der umliegenden Gebäude: Auf der Domplatte zieht es immer, weil die Luft um den Dom herum durch enge Gassen strömen muss und dabei durchgewirbelt wird. Auch die Domplatte selbst trägt mit ihren glatten Platten ihren Teil dazu bei, denn sie speichern Wärme, geben diese an die Luft ab, die aufsteigt und durch neue

Luft ersetzt wird. Sollten Sie d) angekreuzt haben, dürfen Sie sich trotzdem einen Punkt geben. Stimmt ja auch irgendwie.

27 Was kostet die Patenschaft für den Braunbauchlaubenvogel im Kölner Zoo?
b) 100 Euro pro Jahr. Die Beiträge für Patenschaften fangen bei 50 Euro im Jahr an und können je nach Tier bis zu 5.000 Euro betragen. Infos gibt es auf der Internseite des Kölner Zoos.

28 Die Patenschaft für welches Tier im Kölner Zoo beträgt 5.000 Euro im Jahr?
b) Elefant. Die Patenschaft fürs Spitzmaulnashorn beträgt 4.500 Euro, für die Giraffe 2.500 Euro und für den Löwen 2.000 Euro im Jahr.

29 An wen richtet sich KölnTourismus mit der Broschüre »Out in Cologne«?
b) Homosexuelle Besucher. Die Broschüre trägt den Untertitel »Die schwul-lesbischen Seiten« und informiert sowohl über Geschichte in Köln als auch über Pride Events wie CSD, schwul-lesbischen Karneval und Sport- und Kulturhighlights. Sie gibt Ausgehtipps in der homosexuellen Szene sowie Infos zu Unterkunft in »Gayfriendly Hotels« und zum Stadtverkehr. Ein beschriebener Spaziergang führt auch zum Mahnmal für die lesbischen und schwulen Opfer des Nationalsozialismus sowie zum »kalten Eck« von Tom Fecht, eine Installation zur Erinnerung an die Opfer der Folgen von Aids.

30 Welche Veranstaltung gibt es in Köln nicht?
d) Popkomm. Seit 2004 ist die Fachmesse für Musik und Unterhaltung nach Berlin abgewandert, als Reaktion darauf entstand in Köln die c/o pop. Die lit.Cologne ist das internationale Literaturfest, und die »Bärenwoche« mit ihren Events inklusive einer Wahl zum »Mr. Bear Germany« wird von den »Bartmännern« veranstaltet, einem Verein schwuler Männer, die sich durch starke Körperbehaarung auszeichnen und weltweit organisiert sind.

31 Welche Messe findet nicht in Köln statt?
d) Rheinische Zwergpudel-Schau. Die gamescom ist das weltweit größte Messe- und Event-Highlight für interaktive Spiele und Unterhaltung, die imm cologne ist eine internationale Einrichtungsmesse, und während der Rheinischen Landesver-

bandsschau wird der »Rheinlandstern« verliehen, im Jahr 2011 auf »Kölner Tümmler«, »Kämpfer (Große Rassen)«, »Bergische Hühnerrassen«, »Rheinländer und Zwerg-Rheinländer«.

32 Welcher deutschsprachige Autor / Autorin war bislang kein Gast der lit.Cologne? (Stand: 2011)

a) Alex Capus. Die lit.Cologne findet seit März 2001 jährlich in Köln statt und hat sich inzwischen zu einem der größten europäischen Literaturfestivals gemausert. 2011 wirkten über 200 national und international bekannte Autoren und Künstler in 162 Veranstaltungen an 40 Orten mit. Dass der in der Normandie geborene und in der Schweiz lebende Alex Capus noch nicht auf der lit.Cologne gelesen hat, könnte sich bald ändern, immerhin war Capus mit seinem Roman »Léon und Louise« unter den 20 Nominierten für den Deutschen Buchpreis 2011.

33 Wo befindet sich Kölns jüngster Weihnachtsmarkt?

a) Im Stadtgarten. Seitdem er 2006 das erste Mal stattfand, erfreut er sich immer größeren Zulaufs, sodass seine Öffnungszeiten stetig ausgeweitet werden. An den anderen Plätzen gibt es übrigens noch keinen Weihnachtsmarkt.

34 Ja oder nein? Es gibt in Köln einen schwebenden Weihnachtsmarkt.

Nein. Dafür aber einen schwimmenden auf der »MS Wappen von Köln«. Auf mehreren Etagen bietet Europas größter Schiffsweihnachtsmarkt neben Geschenkideen einen tollen Ausblick auf die weihnachtliche Altstadt. Und wenn Ihnen der Boden vom vielen Glühwein schwankt: Einfach auf das Schiff schieben!

35 Wo eröffnete 1974 die erste Kölner Filiale einer bekannten Burgerkette?

c) Barbarossaplatz

36 Wo brät die »Wurstbraterei« aus dem Köln-Tatort ihre Würstchen, wenn sie drehfrei hat?

b) Nirgendwo. Dies ist zumindest der momentane Stand der Dinge (2011), nachdem der Kultimbiss 2010 von seinem Standort vorm Schokoladenmuseum aus Gründen des Denkmalschutzes weichen musste. Trotzdem kann man am Schokoladenmuseum Bratwurst essen: Der Biergarten »Hafenterrasse« hat diese an

seinem Grillstand im Angebot. Sollte die »Wurstbraterei« inzwischen wieder zurückgekehrt sein, dürfen Sie sich einen Punkt
geben, wenn Sie a) angekreuzt haben.

37 Welches Meisterwerk ist nicht im Wallraf-Richartz-Museum zu sehen?

d) Vincent van Gogh: Der Schnitter (1889). Trotzdem kommen
Van-Gogh-Freunde auf ihre Kosten, denn ein anderes Werk ist
im Wallraf zu sehen: Die Zugbrücke (1888).

38 Welches Museum gibt es in Köln (noch) nicht?

a) Ein Museum zur jüdischen Geschichte in Köln. Bereits seit
den 1990ern ist das »Haus und Museum der Jüdischen Kultur in
Köln« im Gespräch. Als Teil des Projekts »Archäologische Zone/
Jüdisches Museum« soll es im Bereich des Rathausplatzes entstehen, also dort, wo 2.000 Jahre Kölner Geschichte so sehr auf-
einandertreffen wie nirgendwo in Köln. Neben alten römischen
Bauten finden sich hier die Reste des mittelalterlichen jüdischen
Viertels, darunter Fundamente der Synagoge und Mikwe. Bislang scheiterte die Umsetzung an der Finanzierung. Übrigens:
Das Völkerkundemuseum ist das im Herbst 2010 wiedereröff-
nete Rautenstrauch-Joest-Museum, das Duftmuseum behan-
delt unter anderem die Geschichte der Parfümfabrik »Farina
gegenüber«, und das Weinmuseum wartet mit einem echten
Weinberg auf.

39 Wo befindet sich die Judaica-Sammlung derzeit?

c) Im Kölnischen Stadtmuseum in der Zeughausstraße. Die her-
ausragende Sammlung enthält neben zahlreichen Handschrif-
ten, Grafiken, Fotografien und Büchern auch Kultobjekte und ist
damit eine der bedeutendsten in ganz Deutschland.

40 Was ist auf dem Bild zu sehen?

Das Bild zeigt einen »Stolperstein« aus Gunter Demnigs gleich-
namigem Projekt in Zusammenarbeit mit dem NS-Dokumentationszentrum. Seit dem Jahr 2000 wurden mehr als 1.700 Stolpersteine vor den ehemaligen Wohnhäusern der größtenteils
jüdischen Opfer des NS-Regimes verlegt.

41 Wie heißt Europas größtes Reggaefestival am Fühlinger See?

Summerjam (Festival). Ursprünglich fand es seit 1986 auf der

Loreley statt, jedoch wurde der Platz schnell zu klein. Nach einem Intermezzo auf dem Gelände des ehemaligen Militärflugplatzes in Wegberg ist es seit 1996 in Köln beheimatet.

42 Welcher Automobilhersteller hat seine Deutschlandzentrale nicht in Köln?
a) Peugeot. Diese Zentrale sitzt in Saarbrücken. Selbstverständlich hat auch Ford seine Zentrale in Köln, sogar die Europazentrale. Von 1954 bis 1962 war hier auch die Renault-Zentrale ansässig, die nach Brühl umgezogen ist.

43 Köln ist eine Medienstadt – welches Kommunikationsmedium gab es bereits im 19. Jahrhundert?
d) Optische Telegraphentürme. Köln war Teil der Fernmeldestrecke Berlin – Koblenz mit insgesamt 62 Telegraphentürmen. Der 50. ist in Köln-Flittard zu bewundern. Sechs bewegliche Flügelbretter können je nach Zeichen in 4.096 Positionen gebracht werden, der Angestellte vom nächsten Mast liest sie ab und stellt seine Flügel genauso ein. Die Optische Telegraphie wurde nur rund fünfzig Jahre genutzt, und das auch nur bei Tageslicht und schönem Wetter – und von jedermann sichtbar!

44 Nennen Sie drei Kölner Zeitungen, Magazine oder Illustrierte.
Kölner Stadt-Anzeiger, Kölnische Rundschau, Express, Porz Aktuell, Porzer Wochenende, Porzer Illustrierte, StadtRevue, Koelner, Kölner Prinz-Ausgabe, Wochenspiegel, Für Nippes, ehrenfeld[er] leben, INsülz, Soretha, KölnerLeben, Känguru … Die Liste könnte noch fortgeführt werden, so vielfältig ist die Zeitungslandschaft in Köln. Deshalb geben Sie sich einfach den Punkt.

45 Über welches Orchester/welche Band verfügt der WDR nicht?
d) WDR Rock Band Köln. Das Rundfunkorchester und die Big Band treten auch gemeinsam als »Großes Unterhaltungsorchester« auf. Als weiteres musikalisches Highlight gibt es noch den WDR Rundfunkchor Köln.

46 Nennen Sie drei der sechs Fernsehsender, die von Köln aus senden.
WDR, RTL, VOX, Super RTL, n-tv, center.tv

47 Wann wurde der erste Kölner Tatort ausgestrahlt?
d) 1997. Seit 1997 sind die Kommissare Max Ballauf und Freddy

Schenk alias Klaus J. Behrendt und Dietmar Bär das Ermittler-team in der Domstadt. Am 17. August 2011 trat das Team zur exklusiven Premiere seines 50. Tatorts im Cinedom an. Übrigens war Max Ballauf zuvor Ermittler in Düsseldorf …

48 Welche Fernsehserie wird nicht in Köln gedreht?
c) Gute Zeiten, schlechte Zeiten. Diese Serie wird in Potsdam gedreht.

49 Welches freie Theater gibt es nicht in Köln?
d) Theater unterm Dach. Das Theater im Hof befindet sich in der Roonstraße, das Theater im Bauturm in der Aachener Straße und das Theater Der Keller in der Kleingedankstraße. Gesammelte Infos zu freien Theatern finden sich auf der Homepage www.theaterszene-koeln.de.

50 Welches Kölner Kino gibt es noch?
c) Autokino. Als der erste Film im Autokino in Porz am 18. August 1967 über die Leinwand flimmerte, galt das Kino mit seinen 1.218 Parkplätzen als das größte Europas. Viel hat sich seitdem nicht geändert, inzwischen ist es eines der letzten seiner Art und absolut besuchenswert. In der Kölner City kam es seit den 1990ern zu einem Kinosterben, insbesondere am Ring schlossen viele Kinos ihre Ticketschalter. Und so kommt es, dass in der Medienstadt Köln manche Filme gar nicht erst anlaufen.

51 Wer ist Kölns größter Arbeitgeber?
c) Ford. Seit 1930 hat die Firma ihren Sitz in Köln-Niehl, der ständig ausgebaut wurde und heute unter anderem die Europazentrale der Ford of Europe GmbH beherbergt. Von hier aus werden 51 Märkte betreut. Insgesamt hat Ford 17.300 Beschäftigte in den Standorten Köln-Niehl und Köln-Merkenich, wo sich das Entwicklungszentrum befindet. Allein im Niehler Fiesta-Werk arbeiten 4.100 Mitarbeiterinnen und Mitarbeiter, das sind fast so viele, wie beim WDR tätig sind, nämlich 4.512 (Stand: 31.12.2010).

**52 Welches bedeutende Unternehmen des
19. Jahrhunderts stammt nicht aus Köln?**
c) Telegraphen-Bauanstalt von Siemens & Halske. Diese wurde 1847 in Berlin gegründet. Felten & Guilleaume begann 1826 als Seilerei und fusionierte 2004 mit der Moeller-Gruppe. Die Chemische Fabrik Vorster & Grüneberg von 1858 wurde bald

in Chemische Fabrik Kalk GmbH (CFK) umbenannt. Nach der Stilllegung Anfang der 1990er existiert die CFK nur noch als Handelsunternehmen für Düngemittel. N. A. Otto & Cie von 1864 gibt es heute noch als Deutz AG und ist damit das älteste Motorenwerk der Welt.

53 Für welchen Zweck waren die Gleisanlagen der U-Bahn-Haltestelle »Kalk Post« auch vorgesehen?
c) Zum Aufstellen von Feldbetten im Kalten Krieg. Die U-Bahn-Haltestelle ist ein Relikt des Kalten Kriegs und lässt sich mittels Stahlschleusentoren zu Kölns größtem ABC-Bunker umfunktionieren (Baujahr 1976–1980). Schlafen können 2.366 Kölner zwei Wochen lang in Feldbetten, unter anderem entlang den Gleisen.

54 Im Kölner Alltag stehen Kölsch und Brauchtum weit oben. Welche Akademie kümmert sich um die Pflege?
Akademie för uns kölsche Sproch. Das »Geschenk für die Kölner Bürger« wurde 1983 von der Stadtsparkasse Köln als Bestandteil der SK Stiftung Kultur ins Leben gerufen. Sie kümmert sich um den »Erhalt und die Förderung einer lebendigen und zeitgemäßen kölschen Sprache«, eng verflochten mit Geschichte und Kultur.

55 Was versteht man in Köln unter »Krönzeletaat«?
b) Stachelbeertorte. Im übertragenen Sinne bedeutet »Krönzel« auch ein zimperliches Mädchen, während die »ahl Krönzel« eine verhutzelte Frau bezeichnet.

56 Was versteht man in Köln unter »Baselemanes«?
d) Handkuss. Der Begriff ist abgeleitet vom französischen »baisemain« und ein Relikt der Franzosenzeit, während der viele französische Ausdrücke in den Kölner Sprachgebrauch aufgenommen und kölsch interpretiert wurden. So bedeutet »Singe Baselemanes maache«, jemandem höflichst seine Aufwartung zu machen.

57 Was bedeutet »Müsjer fange« auf Hochdeutsch?
c) Klingelmäuschen machen: »Müsjer fange« ist kölsch und bezeichnet das Spiel, bei dem Kinder als Scherz an der Haustür der Nachbarn klingeln und schnell weglaufen. Die Hausglocke wurde früher durch einen Eisendraht mit Holzgriff betätigt, der die Form eines geduckten Mäuschens hatte.

58 Was versteht man unter »Bangendresser«?

b) Einen Angsthasen, der sich vor Angst in die Hose macht. Auch im Hochdeutschen gibt es noch das Adverb »bang« wie in »mir ist angst und bang«. Es stammt aus dem Mittelhochdeutschen und bedeutet eigentlich »beengt«. Einem Bangendresser ist es also ganz eng ums Herz.

59 Woran erkennt der urlaubende Kölner, dass er zurück in seinem Veedel ist?

a)–d). Mit diesen Antworten machen Sie genauso wenig falsch wie mit einem Leben in Köln. Hier gibt es a) die wunderbare Büdchenkultur jenseits aller strengen Öffnungszeiten. Zudem identifiziert sich der Kölner mit seiner Stadt und seinem Verein – kaum ein Kölner, der b) nicht wenigstens fragt, wie denn der FC heute gespielt habe. Außerdem liebt er c) die »Weetschaff op d'r Eck« in seinem Veedel, worüber er fleißig Lieder singt, und schließlich sind die Kölner d) bekannt für ihr offenes, freundliches Wesen, das Düsseldorfern befremdlich ist. Wenn Sie spontan alle vier Möglichkeiten angekreuzt haben, dürfen Sie sich drei Extrapunkte geben.

60 Was ist der frühestmögliche, was der späteste Termin für Weiberfastnacht?

d) 29. Januar bzw. 4. März. Da Weiberfastnacht vom Ostersonntag bestimmt wird, richtet sich der Termin nach der Osterformel. In diesem Jahrhundert bleibt uns der frühe Termin kurz nach Weihnachten erspart, und die Session vom 11.11. an wird demnach immer schön lang. Besonders ausgiebig kann man sie im Jahr 2038 genießen, dann nämlich ist Altweiber erst am 4. März.

61 Was ist der Ursprung der Büttenrede?

c) Das mittelalterliche Rügerecht. Zur Fastnachtszeit durfte das einfache Volk unter dem Schutz der Narrenfreiheit die Herrschenden ungestraft kritisieren. Auch moderne Büttenredner unterstehen der Kunstfreiheit, und da kann es schon mal sehr satirisch werden. Allerdings dürfen sie anderer Persönlichkeitsrechte nicht verletzen und niemanden diffamieren.

62 Was passierte mit dem Karneval, nachdem die Franzosen 1794 Köln besetzten?

a) Er wurde verboten – aus Sorge, dass politische Gegner in Maskierung Unruhe stiften könnten. Da die Rheinländer sich das Singen und Lachen bekanntlich nicht verbieten lassen, wurde das Verbot nach einigen Jahren aufgehoben, aber eine Vergnügungssteuer und andere Gebühren eingeführt. Karneval konnten sich nur noch die Reichen leisten.

63 Wann gab es eine Karnevalsreform?

b) 1823. Diese wurde initiiert, weil im Zuge der französischen und preußischen Karnevalsgebühren Adel und Bürgertum in Privathäusern und Festsälen feierten, während der arme »Pöbel« die Straßen eroberte. Anscheinend hatten die höheren Schichten weniger Spaß, denn sie wollten zurück in den Straßenkarneval. Dem rohen Witz der unteren Schichten sollte per Reform mit gebildetem Humor zu Leibe gerückt werden.

64 Zu welchem Zweck wurde das »Festordnende Komitee« gegründet?

a) Um den entfesselten Kölner Straßenkarneval neu zu ordnen. Dies war 1823 vonnöten geworden. Aus den klassischen Vereinssitzungen des Komitees entwickelten sich unterhaltsame Karnevalssitzungen mit striktem protokollarischem Ablauf. Inzwischen sind im »Festkomitee Kölner Karneval« über 100 Karnevalsgesellschaften zusammengefasst.

65 Wie hieß die Hauptfigur des Kölner Karnevals, die seit 1871 Prinz Karneval genannt wurde und heute schlicht Prinz heißt?
Held Karneval. Er sollte als Identifikationsfigur dienen. Sein Wagen bildete den Höhepunkt des ersten Kölner Rosenmontagszugs 1823.

66 Nach wem sind die »Funken« benannt?
a) Nach der Kölner Stadtgarde bis 1794. Diese galt als besonders faul, aber umso trinkfreudiger, weshalb sich die Gardisten auch den Namen »die schlechtesten Soldaten der Welt« gefallen lassen mussten. Das erste Traditionskorps im Kölner Karneval, die »Roten Funken« von 1823, machte sich das schlechte Bild zunutze, um den neuen preußischen Militarismus zu parodieren. Neben den Roten gibt es heute die Blauen und Rosa Funken.

67 Was ist der Elferrat?
b) Das Organisationskomitee der Karnevalsgesellschaften. Es kümmert sich im Vorfeld um die Ausrichtung der klassischen Veranstaltungen wie Sitzungen, Umzüge und Bälle. Zwar darf er aus mehr als elf Personen bestehen, aber nur elf des Rats flankieren während der Sitzung den Präsidenten auf der Bühne.

68 Aus welchen Figuren setzt sich das Dreigestirn zusammen?
Prinz (Karneval), Bauer, Jungfrau

69 Was gibt es auf einer Sitzung der traditionellen Karnevalsgesellschaften nicht?
a) Kölsch. In der Regel werden im Veranstaltungssaal nur Wein, »Kalte Ente« (eine Weißwein-Sekt-Bowle) und Wasser serviert, da die Köbese beim Servieren und die vielen Toilettenbesucher nach Bierkonsum das Programm stören würden. Meist gibt es aber im Foyer die Gelegenheit, Kölsch zu bestellen – übrigens auch während der Sitzung.

70 Worauf bezieht sich der Karnevalsgruß »alaaf«?
a) + c) So ganz genau ist das nicht zu klären. Im Eintrag des Deutschen Universalwörterbuchs vom Duden Verlag findet man

die Erklärung: »eigtl. allaf = all(es) ab, d. h. alles andere weg«. »Kölle alaaf« bedeutet demnach »Köln vor allem anderen«. Andere führen es auf den Umstand zurück, dass vor der Fastenzeit alles gute Essen und Trinken wegmuss. Sie dürfen sich trotzdem einen Punkt geben, wenn Sie den Unterschied zwischen alaaf und helau kennen.

71 Bekannte Büttenredner geben ihrem Bühnencharakter oft einen Namen. Ordnen Sie Redner und Namen einander zu.
Hans Hachenberg – »De Doof Noss«
Marc Metzger – »Dä Blötschkopp«
Fritz Schopps – »Et Rumpelstilzje«
Bernd Stelter – »Der Werbefachmann«

72 Welche Funktion hat der Literat?
b) Verantwortlicher für Pogramm und Ablauf einer Karnevalssitzung. Die Aufgaben des Literaten sind nicht zu unterschätzen. So muss er viele Monate im Voraus Künstler buchen und hat zudem dafür zu sorgen, dass diese auch pünktlich und keine Minute länger auf der Bühne stehen. Und das ist eine Leistung, denn die Karnevalskünstler haben an einem Abend oft mehrere Engagements und müssen innerhalb weniger Minuten ihr Equipment auf- und abbauen.

73 Welche ist keine alternative Karnevalssitzung?
c) Meine Sitzung. Stattdessen gibt es »Deine Sitzung«, eine »alternative Karnevalsrevue für alle, die lieber freiwillig lachen als zwangsweise Moselwein trinken«. Außerdem gibt es noch: Fatal Banal, Immisitzung, Jeckespill – De Weetschaftssitzung, »Loss mer singe«-Sitzung, Puppensitzung, Schnittchensitzung, Stunksitzung, Trunksitzung …

74 Welchem Zweck diente die Narrenkappe?
a) Kappenlose Jecken konnten so erkannt und der organisierten Sitzungen der Karnevalsgesellschaften verwiesen werden. Die Narrenkappen waren das typische Symbol dieser Gesellschaften. Nur Mitglieder durften sie tragen.

75 Welchen Karnevalszug gibt es nicht?
d) Narrenzoch. Am bekanntesten sind die sonntäglichen Schull- und Veedelszöch. Der Geisterzug war einst eine Demo gegen den Golfkrieg im Jahr 1991, ist inzwischen aber fest etabliert. In

geisterhaften Kostümen und gern mit Instrumenten darf mitge-
laufen werden. Finanziert wird er aus leider raren Spenden. Der
Sternmarsch ist ein Zug der Veedelsvereine am Karnevalsfreitag.

76 Um wie viel Uhr startet der Rosenmontagszug?

Um 10.30 Uhr. Es wird immer wieder die Forderung laut, den Zug
um 11.11 Uhr starten zu lassen – wie auch viele der Sitzungen
immerhin um 20.11 Uhr starten.

77 Welche Legende wird traditionell an Weiberfastnacht vor der Severinstorburg aufgeführt?

b) Jan und Griet. Gegen 13.30 Uhr zeigen Laiendarsteller des
Reiterkorps Jan von Werth das Jan-und-Griet-Spiel als Auftakt
des ersten Karnevalszugs der Session. Zusammengefasst geht
es darum, dass Griet den einstigen Bauernsohn Jan verschmäht
hat und es nun bereut, als er zu einem reichen Reitergeneral auf-
gestiegen ist. Die Sätze »Griet, wer et hätt jedonn!« und »Jan,
wer et hätt jewoss!« sind legendär!

78 Wie entstand das Kostüm des Lappenclowns?

a) Weil es nur aus Stoffresten besteht, war es ein beliebtes Arme-Leute-Kostüm. Mittlerweile gibt es Lappenclownkostüme
von der Stange, aber die wirklich schönen sind mit viel Herz- und
manchmal auch echtem Blut selbst genäht – Lappen für Lappen.

79 Was ist »Stippeföttche«?

d) Ein traditioneller Tanz der Roten Funken. Die Kölner sind sich
für nix zu schad: In diesem Fall stehen zwei Männer Rücken an
Rücken und reiben die Hintern aneinander.

80 Welcher Begriff hat nichts mit Karneval zu tun?

d) Prummekän. Hierbei handelt es sich um den Pflaumenkern,
wobei dieser streng genommen ein Stein ist. Und da es bekanntlich nichts gibt, was es nicht gibt, könnte Prummekän doch etwas mit Karneval zu tun bekommen, nämlich wenn sich jemand
als Pflaumenkern verkleidet.

81 Welche bedeutende Rolle für den Kölner Karneval spielt Hans Knipp?

c) Er ist der Verfasser von unzähligen Karnevalshits bekannter
Bands. Aus der Feder des 1946 geborenen Kölners stammen
über 780 Titel für Kölner Musiker, darunter »Buuredanz« (Bläck

Fööss), »Doktor, Doktor«, »Heut brennt mein Iglu«, »Buenos Dias Matthias« (Paveier) und »Wenn die Jecke widder trecke« (Kolibris). Mit über 100 Titeln sind die Bläck Fööss die Hauptkunden von Hans Knipp, der mit der Willi-Ostermann-Medaille in Gold und dem KölnLiteraturPreis ausgezeichnet wurde.

82 Welche kölsch singende Band singt keine Karnevalslieder?

b) BAP. Um diese Position zu manifestieren, nannte die Band um Frontmann Wolfgang Niedecken ihr erstes Album »BAP rockt andere kölsche Leeder«.

83 Ergänzen Sie die nächste Liedzeile: »Die Karawane zieht weiter ...«

»... der Sultan hätt Doosch!« Auch wenn der Sultan durchhält, Durst hat er trotzdem!

84 Was sind Krätzjer und Couplets?

a) Spezielle Liedergenres im Sitzungskarneval. Krätzje werden in einer Art Sprechgesang ohne Instrumente auf Sitzungen vorgetragen. Wer Kölsch versteht, hat viel Spaß daran. Couplets haben im Unterschied zu Krätzje einen Refrain mit Wiedererkennungswert, in den das Publikum gern einstimmt.

85 Wie heißt der Sündenbock des Karnevals?

a) Nubbel. Traditionell hängt er über dem Eingang der Karnevalskneipen, bis er am Abend des Karnevalsdienstags abgenommen und nach einer »Gerichtsverhandlung« für die Sünden der Jecken verbrannt wird. Die Nubbelverbrennung ist gleichzeitig das Ende der Session, denn bekanntlich ist am Aschermittwoch alles vorbei.

86 Woher hat der Aschermittwoch seinen Namen?

c) Vom Brauch, in der Messe am Aschermittwoch die Asche der verbrannten Palmzweige des Vorjahres zu segnen und die Gläubigen mit einem Aschekreuz zu versehen. Der Aschermittwoch ist der Beginn der 40-tägigen Fastenzeit bis Ostern. Sie ist auch eine Zeit der Buße, und bereits im Alten Testament finden sich Belege für Asche als Symbol der Buße. Heute erinnert das Aschekreuz an die menschliche Vergänglichkeit.

87 Welchen Abschluss kann man in Köln nicht machen?

d) Kölsch-Master. Alle anderen bietet die 1983 ins Leben gerufene »Akademie för uns kölsche Sproch« an. Nach erfolgreichem Besuch verschiedener Seminare erhält man die drei aufeinander aufbauenden Abschlüsse. Ganz wichtig: der vorherige Besuch der »Imi-trikulation«, der Infoveranstaltung der Akademie, die erklärt, »wie hee alles esu avläuf«.

88 Was ist der »Kölner Teller«?
a) Ein Mittel zur Verkehrsberuhigung. Der »Kölner Teller« wurde von der Kölner Firma Debuschewitz entwickelt. Die 6 Zentimeter hohen und 30 Zentimeter breiten »Hubbel« werden in Reihen quer zur Fahrbahn oder als Begrenzungen zwischen Fahrbahnen verlegt und zwingen die Autofahrer, langsam und in ihrer Spur zu fahren, so zum Beispiel im Parkhaus des Rhein-Centers in Weiden.

89 An welcher Bushaltestelle können Sie lange warten?
c) Riehler Heimstätten. Die Haltestelle wurde am 24. August 2009 von der KVB gestiftet und soll dementen Bewohnern des Seniorenpflegeheims ein Treffpunkt sein. Diese verspüren oft den Wunsch, »nach Hause« zu fahren; eine Bushaltestelle vermittelt ihnen das beruhigende Gefühl, dies auch tun zu können.

90 Wohin fährt die KVB-Linie 11?
Nirgendwohin. Diese Linie fehlt im aktuellen Liniennetz der KVB, ebenso wie die Linien 2, 6, 10, 14, 17, 19. Die Gründe sind historisch, denn es handelt sich um eingestellte Linien. Die 11 fuhr übrigens von Klettenberg bis zur Haltestelle Neurather Weg in Höhenhaus, bis sie am 9.11.1986 von der Linie 18 ersetzt wurde.

91 Was gibt es in Köln?
a) Das schmalste Haus Deutschlands: Am Eigelstein gibt es ein Haus mit gerade einmal 2,56 Meter Breite und 33 Meter Länge. Als Seitenwände nutzt es die Außenmauern der Nachbarhäuser,

vorn und hinten hat es nur Fensterfronten – es hat also keine eigenen Wände! Die Geschossdecken wurden wie Regalbretter in das Haus eingelassen. Die höchste Kirche ist übrigens das Ulmer Münster, und was die Frauen und Männer angeht, müssen Sie schon selbst entscheiden!

92 Was ist der Barbarastollen?

b) Ein Schaubergwerk unter dem Hauptgebäude der Universität. Eröffnet wurde es 1932 als Industriemuseum und Schauraum für Studenten der Mineralogie und Geologie auf Initiative von Kurt Holl. Es geriet in Vergessenheit, wurde in den 1960ern wiederentdeckt, und seit der Renovierung 1995 lässt sich wieder ein Bergwerk simulieren.

93 Ja oder nein? In Köln kann man sich schwebend trauen lassen.

Ja, und zwar in der Hochzeitsgondel der Kölner Seilbahn. Seit 2008 können sich Brautpaare quasi im siebten Himmel trauen lassen – in kleiner Runde mit dem/r Standesbeamten oder -beamtin, dafür mit Panoramablick. Im dazugehörigen Eventraum ist beim Sektempfang Platz für alle Gäste!

94 Die Domplatte ist häufiger Ausgangspunkt für sogenannte Flashmobs, einem Zusammentreffen vieler Leute, die ungewöhnliche Dinge tun. Welche Aktion gab es noch nicht?

b) Bescherung auf der Domplatte (24.12.2010). Bei der Messaktion wurde 5 Minuten lang der Hbf vermessen, beim Hühner-Flashmob gackerten die Flashmobber wie ein Huhn, bewegten die »Flügel« und hinterließen zu guter Letzt ein (ausgeblasenes) Ei, und beim Schlaf-Flashmob musste die Domplatte für ein Nickerchen herhalten.

95 Wo befindet sich der Kronleuchtersaal?

b) In der Kölner Kanalisation. Der unter Denkmalschutz stehende Saal ist ein 4,6 Meter hoher Raum in der 1890 eingeweihten Kanalisation in der Höhe des Theodor-Heuss-Rings. Weil Kaiser Wilhelm II. zu den Feierlichkeiten erwartet wurde, schmückte man ihn mit Kronleuchtern, die inzwischen durch einen elektrischen Kronleuchter ersetzt wurden. Die Kölner Stadtentwässerungsbetriebe veranstalten hier Führungen und einzigartige Konzerte.

96 Was ist der Saufang?

a) Deutschlands älteste Glocke, die aus Eisenblech genietet wurde und nun im Museum Schnütgen hängt. Der Legende nach haben im 7. Jahrhundert Schweine beim Wühlen im Sumpf nähe St. Cäcilien die Glocke entdeckt, die daraufhin in der Kirche aufgehängt wurde, aber nicht läutete – weil sie noch nicht geweiht war. Bischof Kunibert behob den Mangel, und die Glocke erklang fortan bei Gewitter, dem Tod eines Stiftsmitglieds und am 12. November, dem Tag des hl. Kunibert.

97 Was ist das Besondere an der Kirche St. Agnes?

c) Die Kirche ist nach einer Bürgerlichen benannt. Gestiftet wurde die Kirche 1895 von Peter Joseph Roeckerath als Grabkirche für seine Frau Agnes. Da diese keine Heilige ist, stellt sich die Frage, ob das »Sankt« im Namen korrekt ist. Während man häufig auch die Bezeichnung »Agneskirche« hört, nennt sich die Pfarrgemeinde »St. Agnes«. Agnes Roeckeraths Grab befindet sich übrigens auf Melaten.

98 Welche Sprache war einst Amtssprache in Köln?

d) Französisch, und zwar seit 1798 unter den Franzosen. Haben Sie als Urkölner c) angestrichen, dürfen Sie sich auch einen Punkt geben, denn Kölsch ist die Amtssprache des Herzens.

99 Was machten die mittelalterlichen Blaufärber gern am Montag?

b) Blau. Wie der Name schon sagt, produzierten die Blaufärber blaues Leinen. Dazu wurde das Tuch mit einem Farbstoff aus Waidblättern gefärbt und zwei Tage zum Trocknen aufgehängt.

Erst in dieser Zeit des Wartens entstand durch Oxidation – Blaumachen – ein kräftiges Blau. Da gern vor dem sonntäglichen Ruhetag gefärbt wurde, war Montag der Tag zum »Blaumachen«.

100 Welche Strecke befährt die Rhein-Schifffahrtsgesellschaft »Köln-Düsseldorfer (KD)« nicht?
d) Köln – Düsseldorf auf dem Rhein. Für diese Fahrt bräuchte das Schiff vier Stunden – während denen es nicht viel zu sehen gäbe. Immerhin gibt es in Düsseldorf Rundfahrten und Ausflüge nach Zons oder Duisburg. Der Namenszusatz »Köln-Düsseldorfer (KD)« ergibt sich übrigens aus dem Zusammenschluss zweier Schifffahrtsunternehmen.

101 Welche Suchanfrage bei Google erzielt mehr Treffer: »Köln« oder »Düsseldorf«?
Für »Köln« erhält man in 0,09 Sekunden ungefähr 214.000.000 Ergebnisse, für »Düsseldorf« in 0,17 Sekunden 163.000.000 Ergebnisse (Stand: Juli 2011).

102 Inwiefern trägt die TV-Serie »Verbotene Liebe« zur Verständigung zwischen Köln und Düsseldorf bei?
c) Sie spielt in Düsseldorf, wird aber in Kölner Studios gedreht.

103 Welche Besonderheit weist der Köln-Bonner Flughafen auf?
a) Eine Landebahn, auf der Spaceshuttles der NASA notlanden dürfen, und zwar als einziger Flughafen in Deutschland. Bleibt die Frage, ob diese Zertifizierung nun auch für russische Raumfähren gilt, seitdem die NASA ihre bemannte Raumfahrt im Juli 2011 vorerst eingestellt hat.

104 Welche Aussage trifft auf den Film »Die fabelhafte Welt der Amélie« nicht zu?
d) Der weltreisende Gartenzwerg des Vaters posiert vorm Dom. Der Film wurde von der Filmstiftung NRW gefördert. Deshalb wurden die Innenaufnahmen im Kölner Coloneum gedreht, koproduziert von Helmut Breuer.

105 »Köln 111 km« – Wo liegt der trigonometrische Punkt, auf den sich Kilometerangaben auf Verkehrsschildern beziehen?
c) Im Vierungsturm des Kölner Doms. Bereits unter den Franzosen und Preußen war der Dom der maßgebende Vermessungspunkt für Köln, allerdings öfters an anderer Stelle.

106 Ja oder nein? Es gab eine Zeit, in der jeder Bürger Kölns morgens die Straße reinigen und abends für Beleuchtung sorgen musste.

Ja, und zwar unter den Franzosen, die mit diesen Maßnahmen die Stadt aufräumen wollten. Zusätzlich richteten sie eine Müllabfuhr mit Pferde- und Schubkarren ein.

107 Welcher »Schönheitsmakel« haftet der Miss Köln 2008 an?

d) Sie stammt aus Düsseldorf. Das deckte eine Düsseldorfer Zeitung nach der Misswahl im »Nachtschicht Cologne« auf und sorgte damit für Wirbel in Köln. Letztendlich freuten sich aber beide Städte über »ihre« schöne Miss!

108 Wofür ist das Pestkreuz in St. Maria im Kapitol der Legende nach ein Indikator?

a) Für das Nahen des Jüngsten Gerichts. Der Legende nach sinkt der Kopf Jesu immer mehr auf dessen Brust. Der Tag des Jüngsten Gerichts ist dann gekommen, wenn er ganz auf die Brust herabgesunken ist.

109 Warum hängt ein Boot im Gewölbe der Eigelsteinburg?

d) Es ist das Rettungsboot der »SMS Cöln«, deren Untergang 1914 nur der Kölner Obermatrose Neumann überlebte.

110 In welcher rheinischen Stadt gibt es noch einen Eigelstein?

b) Düsseldorf. Hier gibt es das »EigelStein«, Düsseldorfs ersten Kölsch-Brauereiausschank. Der Name rührt daher, dass die Kölner Brauerei ihren Stammsitz am Kölner Eigelstein hat.

111 Ja oder nein? In Köln wird Altbier gebraut.

Ja. In der Ehrenfelder »Braustelle« wird das »Ehrenfelder Alt« gebraut, und zwar von Braumeister Peter Esser. Dieser ist Düsseldorfer, und so kann man das Alt in Köln als Akt der Völkerverständigung sehen. Historisch gesehen sind Alt und Kölsch sogar miteinander verwandt. Und irgendwie können Kölner auch nicht ohne Düsseldorfer und umgekehrt.

112 Was findet der Legende nach alljährlich in der Pfarrkirche St. Maria Lyskirchen statt?

b) Eine weihnachtliche Geistermesse der ertrunkenen Rheinschiffer. Während der Christmette erflehen die jeweils im vergangenen Jahr ertrunkenen Rheinschiffer Gottes Segen für Schiffer und Anwohner der Meere und Flüsse. Im Anschluss besteigen sie das Schleppschiff des Todes, das sie ins Jenseits bringt. Da die Schiffer ihre Messen von den Lebenden unbeobachtet feiern, ist diese Legende nicht widerlegt ...

113 Wann ist man in Köln ein Spießbürger?

a) Wenn man sich als einzige Waffe nur einen Spieß leisten konnte. Die Kölner Zunftordnung sah vor, dass jeder wehrfähige Mann in Köln mit Harnisch und Waffen ausgerüstet sein musste. Die schlichteste Ausstattung war ein Spieß, und besser ausgestattete Bürger blickten entsprechend auf die »Spießbürger« hinab. Da es sich bei c) und d) auch um Spießbürger handeln könnte, dürfen Sie sich für diese Antworten auch einen Punkt geben.

114 Köbese gibt es nicht nur im Brauhaus, sondern auch ...

c) ... in der Universität, und zwar gleich zweimal mit dem »Kölner Bibliotheksservice für Literaturrecherchen«, KöBes, und den »Kölner Beiträgen zur Sprachdidaktik« des Instituts für deutsche Sprache und Literatur II, genannt KöBeS. Na dann, prost!

115 Wessen Kopf liegt am Gereonsdriesch?

a) Gereons. Er war um 290 Anführer einer Abteilung der Thebäischen Legion, die von den Römern nach Köln geschickt worden war. Sie sollte hier Christen verfolgen und durch ein Weiheopfer den römischen Göttern und damit dem Kaiser huldigen. Da Gereon und seine Männer selbst Christen waren, verweigerten sie den Befehl, wurden enthauptet und in einen Brunnen geworfen, über dem die Basilika errichtet wurde. Die Granit-Skulptur von Iskender Yediler liegt seit 2005 am Gereonsdriesch.

116 Welche Kölner Straße kann als Spickzettel für den Geschichtsunterricht dienen?

Die Ringstraße. Die Abschnitte und Plätze der 4,5 Kilometer langen Straße sind benannt nach Volksstämmen, Herrschern, Herrscherhäusern und Politikern, die für Köln und Deutschland von Bedeutung sind. Den Anfang macht der Ubierring am südlichen, den Abschluss der Theodor-Heuss-Ring am nördlichen Ende.

117 Was ist die »Goldene Feder von Köln«?

c) Eine Auszeichnung für Rassegeflügel. Im Rahmen der Rheinischen Landesverbandsschau nehmen alle Tiere mit der Note »vorzüglich« und der Prämierung »Kölner Band« an der Verlosung der »Goldenen Feder von Köln« teil.

118 Wer half nach dem Einbruch in die Schatzkammer des Kölner Doms in der Nacht zum 2. November 1975 bei der Tätersuche?

b) Die Kölner Unterwelt, die echte Ganovenehre bewies: Mit ihrer Hilfe konnten die Einbrecher, die per Strickleiter und Bergsteigerausrüstung durch einen Lüftungsschacht in die Domschatzkammer eingedrungen waren, schnell gefasst werden. Für einige der Beutestücke war es jedoch zu spät: Sie waren bereits eingeschmolzen.

119 Was wird mit »Kölner Grün« bezeichnet?

b) Die Farbe der Kölner Rheinbrücken, auch »Kölner Brückengrün« genannt. Auf Wunsch Adenauers wurde die Mülheimer Brücke 1929 in Chromoxidgrün der Bayer AG gestrichen, da dieses besonders lichtbeständig und wetterfest ist. Vier weitere Brücken in der Farbe folgten, weshalb Bayer die Farbe als »Kölner Grün« bewarb. Heute sind nur noch die von der Stadt unterhaltenen Brücken grün, nämlich Mülheimer, Zoo-, Deutzer und Severinsbrücke.

120 Wieso hatte die mittelalterliche Stadtmauer 12 Torburgen?

a) Weil die Bewohner des »hilligen Köln« dem »himmlischen Jerusalem« mit seinen 12 Stadttoren in nichts nachstehen wollten. Dabei sind einige Tore »blind«, das heißt, es führte keine Ausfallstraße zu ihnen (z. B. Ulrepforte). Man sieht, die Kölner waren schon immer recht bescheiden.

121 Welches Tier ist Teil des Heinzelmännchenbrunnens, obwohl es nicht zur Sage gehört?

a) Eule. Sie sitzt auf der Rückseite des Brunnens auf einem Buch und mit einem Spiegel zwischen den Krallen. Mit diesem hält die Eule als Symbol der Weisheit den Menschen ihre Dummheit vor Augen.

122 Welches Tier lebt im Kölner Zoo?

d) Die Prinzessin von Sambia. Hierbei handelt es sich um einen Fisch im Süden des Tanganjikasees in Sambia. »Der Prinz von Homburg« ist eine Oper von Hans Werner Henze, die auf Kleists Drama »Prinz Friedrich von Homburg oder die Schlacht bei Fehrbellin« mit historischen Bezügen basiert, der Prinz von bzw. aus Zamunda ist ein Spielfilm, und die Prinzessin von Schweden ist hoffentlich im Königspalast.

123 Warum regnet es in Köln so oft?

c) Weil St. Severin hier begraben ist. Und das kam so: Als der Kölner Bischof Severin hochbetagt in seine Heimat Bordeaux zurückkehrte und dort verstarb, wurde Köln von einer Dürre heimgesucht. Sein Nachfolger hatte die Vision, dass Severin nach Köln zurückkehren müsse, um für Regen zu sorgen. Bordeaux und Köln teilten sich den Leichnam buchstäblich, Köln begrub seine Hälfte, und der Regen kam. Seitdem wird der Stadttheilige bei Trockenheit angerufen – zu oft, wie es scheint.

Architektonisches Kleinod mit liebenswerten Bewohnern: Bauten & Bürger

124 Welches ist Kölns ältestes steinernes Bauwerk?

b) Das Ubiermonument. Es handelt sich um 6,5 Meter hohe Überreste eines Turms aus massiven Tuffsteinblöcken von 9 mal 9 Metern. Die Eichenholzpfähle, auf denen der Turm ruht und die in den Rheinkies gerammt wurden (damals reichte der Fluss bis hierhin), wurden im Jahr 4/5 n. Chr. gefällt; somit ist der Turm das älteste steinerne Bauwerk Kölns. Diesen Umstand verdankt er nicht zuletzt dem Usus römischer Handwerker, in den Zement zu urinieren – das Eiweiß des Urins machte ihn besonders fest.

125 Nennen Sie zwei mittelalterliche Profanbauten, die heute noch erhalten sind.

Bayenturm, Bottmühle, Eigelsteintorburg, Gürzenich, Hahnentorburg, Mauertürme an der Ulrepforte und am Sachsenring, Overstolzenhaus, Rathausbau, Ratsturm, Sachsenturm, Severinstor, Teilstücke der Stadtmauer am Hansa-, Salier- und Sachsenring

126 Nennen Sie zwei mittelalterliche Kirchen, die heute noch erhalten sind.

Alt St. Heribert, Antoniterkirche, Dom, Kapelle St. Maria Ablass, Kartäuserkirche, Minoritenkriche (St. Mariä Empfängnis), St. Alban, St. Peter

127 Welchen »Markt« gibt es in Köln nicht?

d) Pferdemarkt. Alle anderen finden sich im Stadtplan.

128 Wann wurde der Neumarkt erstmals schriftlich erwähnt?

b) 1076. So neu ist der inzwischen 27.300 Quadratmeter große Platz also gar nicht. Er ist wahrscheinlich unter Erzbischof Anno II. angelegt worden, denn 1076 wurde von einem Markt- und Handelsplatz »in novo mercato« geschrieben.

129 Welche Aussage trifft auf die Schildergasse nicht zu?

a) Sie ist rund 750 Meter lang. Die Straße zwischen Neumarkt und Hohe Straße misst rund 500 Meter, auf denen bis zu 14.265 Passanten pro Stunde flanieren. Dabei kommen sie auch am sogenannten Bierbrunnen (Ecke Hohe Straße) vorbei, der 1972 von Josef Jaekel und seinen Studenten der Kölner Werkschule gestaltet und von einem Kölner Biervertrieb als Erinnerung an das einst hier stehende Zunfthaus der Bierbrauer gestiftet wurde. Wenn Sie mal was ganz Verrücktes tun wollen, gehen Sie an den Adventssamstagen auf die Schildergasse!

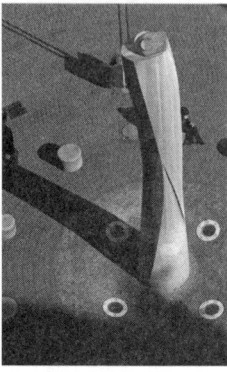

130 Welches ist Kölns höchstes Bauwerk?

d) Der Fernsehturm Colonius. Mit 266 Metern inklusive Antennenaufbauten ist der Colonius aus dem Jahr 1981 das höchste Bauwerk Kölns. Der Kölner Dom ist mit 157,38 Metern über 100 Meter kleiner, der Kölnturm misst 148,5 Meter und der KölnTriangle 103,2 Meter. Er geriet in die Schlagzeilen, weil die Unesco während seiner Bauphase den Kölner Dom auf die »Rote Liste des gefährdeten Welterbes« setzte.

131 Welchem Gebäude am Rhein widmete der Dichter Joachim Ringelnatz ein Gedicht?

a) Der Bastei. 1932 erschien Joachim Ringelnatz' »Köln von der Bastei gesehen«. Während eines Abendessens in der Bastei schildert der Betrachter den Ausblick auf den nächtlichen Rhein und das Ufer, an dem ein Mädchen mit Herzeleid steht.

132 Welchen Weltrekord hielt der Kölner Dom im 19. Jahrhundert?

c) Er war das größte Bauwerk der Welt. Ganze vier Jahre lang, von 1880 bis 1884, hielt der Dom mit seinen rund 157 Metern den Rekord. Danach machte ihm das Washington Monument, ein Obelisk in Washington D. C., den Titel streitig.

133 In welchem der beiden Türme des Doms hängen die Glocken?
a) Im Südturm. Dieser wurde zuerst gebaut, und zwar nach neueren Erkenntnissen ab circa 1360. 50 Jahre später war das zweite Geschoss vollendet, und 1448 und 1449 wurden die ersten Glocken aufgehängt. Grundsteinlegung des Nordturms war um 1500, kurz darauf kamen die Bauarbeiten zum Erliegen.

134 Nennen Sie sechs der zwölf romanischen Kirchen Kölns.
St. Andreas, St. Aposteln, St. Cäcilien, St. Georg, St. Gereon, St. Kunibert, St. Maria im Kapitol, St. Maria Lyskirchen, Groß St. Martin, St. Pantaleon, St. Severin, St. Ursula

135 In welcher Straße liegt der Eingang zu St. Maria im Kapitol?
c) Kasinostraße; das Pfarrbüro liegt dagegen am Marienplatz.

136 Welche ist nach dem Dom die zweitgrößte Kölner Kirche?
b) St. Agnes. Nach Zerstörungen im Zweiten Weltkrieg ist der markante Turm nunmehr 61 Meter hoch.

137 Welches Gotteshaus feierte Anfang Februar 2011 Richtfest?
b) Zentralmoschee. Nach langen Diskussionen konnte 2011 im Beisein von Oberbürgermeister Roters das Richtfest in Ehrenfeld gefeiert werden. In seiner Rede betonte er: »Wer baut, der bleibt. Wer hier in Deutschland, in Köln, baut, hat ein neues Zuhause gefunden – ein Zuhause, in dem er wohnen, arbeiten und seiner Religion nachgehen möchte.« Ein Moscheebau sei deshalb ein Symbol der Integration.

138 Wie heißen die vier erhaltenen Tore der ehemaligen Stadtmauer?
Severinstorburg, Ulrepforte, Hahnentorburg, Eigelsteintorburg; weitere Teilstücke sind der Bayenturm, die Bottmühle, die Mauerabschnitte am Gereonswall, Kartäuserwall und das fälschlich als »Weckschnapp« bezeichnete »Thürmchen«.

139 Bringen Sie die folgenden Teilabschnitte des »Rings« in die richtige Reihenfolge von Süden nach Norden.
Chlodwigplatz, Salierring, Habsburgerring, Ebertplatz

140 Welches Gebäude ist Kölns »gute Stube«?
b) Der Gürzenich. Der gotische Bau wurde von 1441 bis 1447

als Tanz- und Festhaus für die Ratsherren errichtet. Er steht auf einem ehemaligen Grundstück des gleichnamigen Adelsgeschlechts. Heute finden hier Kongresse und Karnevalsfeiern statt, und das Gürzenich-Orchester hat hier sein Zuhause.

141 Welche Kirche hat keinen Kleeblattchor?

d) St. Cäcilien. Den schönsten Kleeblattchor kann man sicherlich St. Aposteln zuschreiben. Vom Neumarkt aus blickt man auf eine zugemauerte Stelle im Chor. Dies war eine Tür der alten römischen Stadtmauer, die der Pfarrer von St. Aposteln als Privateingang benutzte.

142 Mit dem Grundriss welcher Kirche stimmt der Grundriss von St. Maria im Kapitol überein?

a) Geburtskirche in Bethlehem. St. Maria im Kapitol (ab 1040 bis 1065 gebaut) ist die erste mitteleuropäische Kirche mit Drei-Konchen-Chor. Ein möglicher Grund für die Übereinstimmung kann der Sündenablass sein, der für den Besuch der Bethlehemer Kirche gewährt wurde. Dieser sollte in einer Kirche mit gleicher Bauform auch gelten, sodass die weite Reise entfiel. Zudem konnte in einem Drei-Konchen-Chor ein größerer Pilgerstrom um die Reliquien herumgeführt werden.

143 Nach wem ist die Ulrepforte benannt?

a) Nach den hier einst ansässigen Töpfern. Sie wurden auch Ulner, Uler, Üler oder Euler genannt und hatten aufgrund der Brandgefahr ihren Sitz in dünn besiedelter Stadtrandlage. b) und c) gibt es nicht, das in d) genannte Ereignis hat vom 14. auf den 15. Oktober 1268 stattgefunden. Es dürfte die einzige Überwindung der Stadtmauer eines feindlichen Trupps gewesen sein, der jedoch von den Patriziern unter Matthias Overstolz niedergeschlagen wurde. Overstolz überlebte den Kampf nicht. Den Tunnel hatte der Schuster Havenith gegraben.

144 Wie nannten die Kölner das Gefängnis, zu dem das Klarissenkloster unter den Franzosen umgebaut wurde?

a) Bleche Botz. Benannt ist es nach dem Maurermeister Johannes Butz und dem Blechschläger Alexander Hittdorf, der nach seinem Beruf auch »Bleche Alexander« genannt wurde. Beide waren um 1800 an dem Umbau beteiligt. »Butz« wurde schnell zu »Botz«, und das Gefängnis damit zur »Blechhose«.

145 Welche Bauten findet man in Köln?

c) Bunker in Gestalt von Kirchen. In Köln gibt es drei »Kirchenbunker« aus der NS-Zeit: den heutigen »Kulturbunker« in Mülheim, Berliner Straße 20, den Bunker an der Großmarkthalle in Raderberg, Marktstraße 6c, und den Bunker in der Deutzer Helenenwallstraße, Ecke Rupertusstraße. Sie alle ähneln mit ihrem lang gestreckten Gebäude nebst angedeutetem Turm einem Kirchenbau. Während diese Architektur zu Beginn des Krieges auch ästhetische Funktionen hatte – man wollte der deutschen Bevölkerung mit hässlichen Bunkerbauten nicht die Schrecken des begonnenen Krieges vor Augen führen –, diente sie später vor allem der Tarnung und der Täuschung der feindlichen Flieger: Bunker wären ein gefährdetes Angriffsziel gewesen, während Kirchen in der Regel nicht beschossen wurden. Der Deutzer Bunker dient heute als Lager, der Mülheimer als Kulturzentrum, und in Raderberg hat ein Schießstand Platz gefunden.

146 Welches prominente Gebäudeensemble wird im Rahmen des Projekts maxCologne umgebaut und auf Neubaustandard gebracht?

c) Lufthansa-Hochhaus inklusive der Rheinetagen am rechtsrheinischen Ufer. Nach den Kriterien der Deutschen Gesellschaft für Nachhaltiges Bauen entstehen hier 45.000 Quadratmeter Büro- und Gastronomieflächen. Ein namhafter Mieter für einen Großteil der Fläche ist auch gefunden: Der Leverkusener Spezialchemiekonzern LANXESS verlegt seine Zentrale nach Köln.

**147 Welches Kölner Hochhaus war zum Zeitpunkt
seiner Entstehung das höchste in Europa?**

b) Hansahochhaus am Hansaring. Mit stolzen 65 Metern und
17 Etagen war das Backsteingebäude in Stahlskelettbauweise
eines der ersten Hochhäuser Deutschlands und zum Zeitpunkt
der Fertigstellung im Jahr 1925 kurzzeitig Europas höchstes Gebäude. Gebaut wurde es nach Plänen des Kölner Architekten
Jacob Koerfer.

**148 Was bezeichnet der Kölner Volksmund
als »Adenauers Pferdeställe«?**

a) Messebauten inklusive Messeturm. Die in den Jahren 1922
bis 1924 auf Adenauers Initiative errichteten Gebäude wurden
aufgrund ihres Baustils schnell zu »Adenauers Pferdeställen«.
Übrigens waren auf dem Gelände nach dem Ersten Weltkrieg
die Stallungen und Unterkünfte der britischen Kavallerie unter-
gebracht.

149 Was sind die »Poller Köpfe«?

d) Umspülte Landzungen der Poller Wiesen. Sie sorgen dafür,
dass der Rhein in seinem Flussbett bleibt. Denn ab Weiß fließt er
in einem westlichen Bogen bis Mülheim, und ohne die Fläche in
Poll bestünde die Gefahr, dass er sein Flussbett verließe und den
kürzesten Weg nach Mülheim flösse. Da Köln dann nicht mehr
»am Rhing« gelegen hätte, was sich extrem auf Kölns Wirtschaft
ausgewirkt hätte, wurde der Flusslauf durch den Bau der Landzungen bereits ab 1200 stabilisiert.

150 Wo ist die sogenannte Millionenallee?

b) Auf dem Melatenfriedhof. So wird die Mittelachse des Fried-
hofs genannt, die von pompösen Grabstätten und Mausoleen
gesäumt ist. Hier liegen die Verstorbenen großer Kölner Familien sowie bekannte und unbekannte Kölner in totenfriedlicher
Ruhe nebeneinander, darunter die Bestatterfamilie Kuckelkorn
und Laura von Oelbermann, die unter anderem einen Teil des
Evangelischen Krankenhauses Weyertal finanzierte.

**151 Wie heißt im Volksmund dieser in der Südstadt gelegene
Platz?**

Eierplätzchen, und zwar wegen der ovalen Form. Einen offiziel-
len Namen gibt es aufgrund mangelnder Wohnbebauung nicht.
Das hindert die Kölner nicht, hier ausgiebig der Freizeit zu frö-

Wissen Sie Köln? – Antworten

nen. An manchen Sonntagnachmittagen ertönen kubanische Musikklänge der Eierplätzchenband, denen man auf den von Rolf Tepel gesetzten Steinblöcken bei einem Picknick lauschen kann. Ursprünglich hatte der Künstler sie als Mahnmal für den Frieden und gegen die Nutzung des Eierplätzchens als Parkplatz gesetzt.

152 Welcher innerstädtische Platz macht im Sommer lautstark von sich reden?

a) Brüsseler Platz. Seit einigen Jahren wird der Brüsseler Platz als sommernächtlicher Treffpunkt immer beliebter – weil er schön ist, heißt es im Stadt-Anzeiger. Und an schöne Orte zieht es den Menschen bekanntlich. Das stört jedoch die Nachtruhe der Anwohner, und um beiden Interessen nachzukommen, gibt es einen Mediator sowie die »Freunde des Brüsseler Platzes«, die »leise« Kulturaktionen organisieren.

153 Was wird aus dem RheinEnergieStadion in der Adventszeit?

b) Deutschlands größter Adventskranz. Die vier fast 72 Meter hohen Lichttürme des Stadions werden in der Adventszeit einzeln geschaltet – und damit zu »Highlights« im wahrsten Sinne des Wortes.

154 Welches Gebäude gibt es im Kölner Volksmund nicht?

c) Waschmaschine. Diese steht als Bundeskanzleramt in Berlin. Hinter der Zitronenpresse verbirgt sich die Kirche St. Engelbert von Dominikus Böhm in Riehl, das Schmuckkästchen ist nicht nur FC-Fans als RheinEnergieStadion bekannt, und die Dachkonstruktion der LANXESS arena sorgte für den Namen Henkelmann.

155 Aufgrund welcher Gebäude setzte die New York Times Köln auf die Liste der 44 fesselndsten Reiseziele in 2009?

a) Kranhäuser und Rheinauhafen. Die New York Times war neben dem Dom von der neuen Kölner Skyline so beeindruckt, dass die Stadt auf Platz 30 der empfehlenswerten Reiseziele landete.

156 Benennen Sie die Gebäude auf dem Bild.

Die Gebäude heißen von links nach rechts: Kap am Südkai, ECR Offices, Silo 23, Siebengebirge, Rheinkontor.

157 Wo kann man in Köln noch Paternoster fahren?
Nennen Sie zwei Gebäude.
Allianz Hauptverwaltung/Christophstraße (nicht öffentlich),
»Disch-Haus«/Brückenstraße, ehem. Firmenzentrale von Fel-
ten & Guilleaume/Schanzenstraße 28 (heute Bürohaus), Ge-
bäude der Bezirksregierung Köln/Eingang Zeughausstraße 8,
Hansahochhaus/Hansaring 97, IHK-Bürogebäude/Börsenplatz 1
(nicht öffentlich), Kaufhof-Verwaltung/Leonhard-Tietz-Straße
(nicht öffentlich), VHS Neumarkt/Josef-Haubrich-Hof 2, WDR-
Gebäude/Wallrafplatz (nicht öffentlich)

158 In welcher Form ist das Schokoladenmuseum gebaut?
b) Schiff. An der Nordspitze des Rheinauhafens gelegen, sollte
der Bau des 1993 eröffneten Museums optisch in die Gegend
passen. Einem Schiff aus Glas und Aluminium gleich, scheint es
nun im Hafen auf die nächste Reise zu warten.

159 Welchen Brunnen gibt es in Köln nicht?
d) Tuchmacherbrunnen. Der Taubenbrunnen am Domforum ist
ein Werk von Ewald Mataré. Der Fischweiberbrunnen mit einer
Skulptur von Rainer Walk liegt am Fischmarkt und der Fastnachtsbrunnen mit seinen vier karnevalistischen Darstellungen
von Georg Grasegger auf dem Gülichplatz.

160 Woran erinnert Hermann Gurfinkels
Löwenbrunnen auf dem Erich-Klibansky-Platz?
a) An die im Zweiten Weltkrieg ermordeten jüdischen Kinder aus
Köln. 1.100 Namen stehen auf Bronzeplatten an den Brunnen-
seitenwänden. Rund um die St.-Apern-Straße befand sich ein
Zentrum der einstigen jüdischen Gemeinde. Neben Geschäften
standen hier die Synagoge, das Gemeindezentrum der Adass
Jeschurun, die Volksschule Moriah und die Jawne, ein Real-
gymnasium, dessen Direktor seit 1929 Erich Klibansky war. Mit
dem Beginn der Judendeportationen plante er die Verlegung
der Schule nach Großbritannien. Mehr als 130 Kindern rettete
er so das Leben, darunter Hermann Gurfinkel. Klibanski und
seine Familie wurden in Minsk ermordet.

161 Der Kölner Hauptbahnhof ist der Nabel zur Welt, denn ...
c) ... die Hohenzollernbrücke ist die meistbefahrene Eisenbahnbrücke Deutschlands. Außerdem bietet sie einfahrenden Zug-
reisenden einen wunderschönen Panoramablick aufs Kölner

Ufer, und an einer Wand des rechtsrheinischen Brückenkopfes darf offiziell geklettert werden.

162 Die Ehrenfelder Weinsbergstraße und die Lindenthaler Woensamstraße sind benannt nach ...

a) ... Kölner Persönlichkeiten des 16. Jahrhunderts. Anton Woensam (1492/1500–1541) war Maler, Holzschneider, Grafiker und Illustrator. Sein Holzschnitt »Große Ansicht von Köln« (1531) ist für Historiker ein wichtiges Zeugnis über Köln im 16. Jahrhundert. Auch die Gedenkbücher des Anwalts und Ratsherrn Hermann von Weinsberg (1518–1597) sind wichtige Quellen über denkwürdige Ereignisse der Zeit, aber auch über Verwaltung und Leben in Köln.

163 Welche Funktion hat / hatte Melaten nicht?

b) Gerichtshof. Erstmals ist das Terrain im 12. Jahrhunderte als Leprosenheim »Maladen« erwähnt, später wird es zur Hinrichtungsstätte, auf der unter anderen 1529 die als Ketzer verurteilten Adolf Clarenbach und Peter Fliesteden verbrannt wurden. Unter den Franzosen wurde Melaten 1810 als katholischer Zentralfriedhof eingeweiht, seit 1829 durften auch Protestanten, seit 1892 auch Juden hier beerdigt werden.

164 Was hat Köln nicht?

d) Eine Wasserburg. Der Leuchtturm in der Heliosstraße wurde zu Werbe- und Repräsentationszwecken von der »Helios AG für elektrisches Licht und Telegraphenanlagenbau« errichtet. Vom Messeplatz/Kennedyufer bis zum Breslauer Platz verläuft ein 461 Meter langer Fernwärmetunnel der Rheinenergie, der besichtigt werden kann. Der Invalidendom ist das vom Volksmund so bezeichnete »Früh em Veedel« am Chlodwigplatz – warum, weiß keiner so genau, vielleicht wegen der neogotischen Maßwerkfenster, die dem Pariser Original ähneln.

165 Wie heißt die denkmalgeschützte Holzhäusersiedlung in Höhenhaus?

c) Finnensiedlung. Die 158 Häuser wurden ab 1944 angeblich aus geschenktem finnischem Holz für ausgebombte Kölner gebaut. Für den Bau wurden KZ-Häftlinge herangezogen, die in den Deutzer Messehallen interniert waren.

**166 Die Straße »Alte Mauer am Bach« bezieht sich
auf welche Mauer und welchen Bach?**
b) Die alte Römermauer und den Duffesbach. Die Straßenbe-
zeichnung ist bereits seit dem 14. Jahrhundert belegt. Reste der
Stadtmauer sind noch immer vorhanden.

**167 Welcher spätere Führer der Sozialdemokratischen Partei
Deutschlands ist in den Deutzer Kasematten, einem Teil der
Festung, geboren?**
a) August Bebel. Am 22. Februar 1840 erblickte Bebel als Sohn
eines Unteroffiziers das Licht der Welt. Seine Kindheit in ärm-
lichen Verhältnissen und einer kinderfeindlichen Umgebung
beschrieb er in seinem Buch »Aus meinem Leben« (1910).

168 Wer war Sulpiz Boisserée?
a) Ein Kölner Kunsthistoriker, der sich für die Vollendung des
Doms einsetzte. Dies war Sulpiz Boisserées (1783–1854) Le-
bensaufgabe, mit der er sich schon früh beschäftigte. So ver-
maß er ab 1808 den mittelalterlichen Domtorso und fertigte
Zeichnungen vom Bestand und möglichen vollendeten Dom
an. Auf der Grundlage seines Kupferstichwerks erfolgte der
Weiterbau.

**169 Wieso stellte Hänneschen-Theatergründer Johann Christoph
Winters seiner Figur des Tünnes einen Schäl an die Seite?**
b) Er bekam Konkurrenz von einem Puppentheater »op d'r Schäl
Sick«. Hierbei handelte es sich um niemand Geringeren als Willy
Millowitschs Urgroßvater Franz Andreas Millewitz. Die Quellen
variieren, aber so könnte es gewesen sein: Millewitz eröffnete in
den 1850ern ein Puppentheater in Deutz, weil er in Köln keine
Genehmigung dafür erhielt. Dabei erwies er sich als sehr erfolg-
reich, und Winters musste sich etwas einfallen lassen: Schäl!
Tünnes stand schon seit 1803 auf der Bühne.

170 Welche Aussage hat Josef Kardinal Frings nicht getätigt?
d) »Wer seiner Jugend nachläuft, läuft dem Alter in die Arme.«
Dieses Zitat stammt von Willy Millowitsch. Aussage a) machte
Frings, als er auf sein schlechtes Augenlicht angesprochen wurde, b) während der pannenreichen Reise nach Rom zur Kardi-
nalserhebung 1946, und c) war die Reaktion auf den Vorwurf,
dass er vor seiner Bischofsweihe liberaler gesprochen habe.

171 Welche Person ist auf dem Bild zu sehen?
Monika Piel, seit 2007 Intendantin des WDR

172 Welche Kölner Bürgerin ist orange mit braunen Beinen und Ohren, hat 2011 ihren 40. Geburtstag gefeiert und einen Freund, der immer blau ist?
Die Maus. Am 7. März 1971 hatte die »Sendung mit der Maus«, damals noch »Lach- und Sachgeschichten für Fernsehanfänger« genannt, Premiere. Ihr Freund ist natürlich der kleine blaue Elefant.

173 Welcher Romantitel stammt nicht von Heinrich Böll?
d) Homo faber. Der Bestseller von 1957 stammt von Max Frisch. »Kreuz ohne Liebe« (1946/47) ist Bölls erster Nachkriegsroman, das »Irische Tagebuch« (1957) eine Art Reisebericht über Bölls mehrmonatigen Irlandaufenthalt, und dem »Gruppenbild mit Dame« (1971) verdankte Böll den Literaturnobelpreis von 1972.

174 Welcher Kölner Ehrenbürger wartet auf dem Eisenmarkt auf Ihren Besuch?
c) Willy Millowitsch. Der bekannte und vielfach ausgezeichnete Kölner Volksschauspieler ist seit 1988 Ehrenbürger. Einem deutschlandweiten Publikum bekannt wurde er mit den Fernsehübertragungen der Theaterstücke aus dem Millowitschtheater an der Aachener Straße. 1999 starb er 90-jährig, die Totenmesse wurde im Kölner Dom gehalten, was in der Regel kirchlichen Würdenträgern vorbehalten bleibt.

175 Von welchem Künstler finden sich aktuell keine Werke / Projekte in Köln?
d) Christo. Im Jahr 1961 kam es im Rahmen seines Projektes »Verhüllung eines öffentlichen Gebäudes« für zwei Wochen zu Verhüllungen und gestapelten Ölfässern im Kölner Hafen.

176 Welche Person ist auf dem Bild zu sehen?
Karin Beier, seit der Spielzeit 2007/08 Intendantin des Schauspiel Köln. Anfang 2011 gab sie ihren Wechsel ans Deutsche Schauspielhaus in Hamburg für die Spielzeit 2013/14 bekannt.

177 Welches Kunstwerk/-projekt stammt nicht von HA Schult?
b) Endlose Treppe. Dies ist eine Skulptur von Max Bill, die 1991 in Ludwigshafen anlässlich des 100. Geburtstags von Ernst Bloch errichtet wurde.

178 Welches Kunstwerk stammt nicht von Stefan Lochner?
c) »Kreuz-Altar«. Dieser stammt von dem unbekannten Künstler mit dem Behelfsnamen »Meister des Bartholomäus-Altars«, der von circa 1475 bis 1510 in den Niederlanden und Köln tätig war. Der Stifter des Triptychons war der Kölner Patrizier und Jurist Dr. Peter Rinck, der es einem Kölner Kartäuserkloster vermachte.

179 Wessen Kopf ist nicht unter den »Kölner Köpfen« im U-Bahnhof Appellhofplatz?
d) Ferdinand Franz Wallrafs. Zugegeben, es war eine Fangfrage. Sollten Sie sich für a) entschieden haben, dürfen Sie sich auch einen Punkt geben. Fakt ist jedoch, dass sich die Künstlergruppe im Jahr 1990 dazu entschied, sowohl prominente als auch unbekannte »Kölner Köpfe« darzustellen. Damit sollte die Kommunikation und Auseinandersetzung mit der Kunst eröffnet werden. Und wer jetzt nicht weiß, wer Hermann Götting ist, möge sich bitte mit der schillernden Figur auseinandersetzen – es lohnt sich.

180 Ordnen Sie die Kunstwerke/-projekte den Künstlern zu.
Gunter Demnig – Stolpersteine
Cosje van Bruggen/Claes Oldenburg – Dropped Cone (Eistüte)
Wolf Vostell – Ruhender Verkehr
Merlin Bauer – »Liebe deine Stadt«

181 Im Jahr 2000 zog die Weltkugel von HA Schult auf das Dach des DEVK-Gebäudes. Wo war sie vorher befestigt?
d) Auf der Severinsbrücke, genauer auf deren Pylon in 70 Metern Höhe. Ganze vier Jahre lang thronte sie überm Rhein, bis sie auf Betreiben der Stadt demontiert werden sollte. Bevölkerung und Künstler protestierten, Letzterer drohte mit Wegzug. Das musste er nicht, denn die Kugel zog in einem spektakulären

Umzug per Hubschrauber zu ihrem neuen Wohnsitz auf dem Dach der DEVK.

182 Wofür entschuldigt sich Bettina Böttinger bei ihrer Mutter?

b) Als gebürtige Düsseldorferin ist sie Kölner Lokalpatriotin geworden. 2004 beschrieb Bettina Böttinger in der »Zeit«-Serie »Das Katerfrühstück« das Café Holtmanns am Rhein: »Ich bin ein Lokalpatriot und liebe Köln sehr – meine Mutter möge mir verzeihen, denn eigentlich komme ich ja aus Düsseldorf. Im Holtmanns, dem Café im Museum Ludwig, sitzt man einfach an einem der schönsten Plätze der Stadt. Wenn ich aus dem Fenster gucke, dann sehe ich die Rheinbrücke, ich mag diese alten Eisenbahnbrücken aus Stahl.«

183 An welchem Bauwerk arbeitete der in Düsseldorf ansässige Künstler Joseph Beuys mit?

a) Kölner Dom. Zur 700-Jahr-Feier seiner Grundsteinlegung sollte der Dom nach dem Zweiten Weltkrieg wieder herausgeputzt werden. Ewald Mataré erhielt den Auftrag für neue Portaltüren am Südquerhaus. Einer seiner Assistenten war der damals unbekannte Joseph Beuys, der an der 1953 vollendeten Pfingsttür mitarbeitete, die an den gerade erst beendeten Krieg erinnert.

184 Was erfand Konrad Adenauer?

b) Kölner Brot und Wurst. Bis 1917 war Konrad Adenauer für die Lebensmittelversorgung der Kölner zuständig. Im entbehrungsreichen Ersten Weltkrieg (1914–1918) war dies eine verantwortungsvolle Aufgabe. Als die Lebensmittel rationiert wurden, erfand er das sättigende »Kölner Brot« aus Reis, Mais und Gerste – Rohstoffe, die damals nicht rationiert waren. Aus Sojamehl entwickelte er später die »Kölner Wurst«, die allerdings wenig Anklang fand. Beide Erfindungen ließ er sich patentieren. Eine Variante des Adenauer-Brots gibt es heute in der Bäckerei Balkhausen zu kaufen.

185 Was hat Trude Herr nicht gemacht?

c) Betrieb eines Kölschausschanks auf dem Deutzer Frühlingsfest (1966). Die Sängerin und Schauspielerin war zweimal als Theaterdirektorin tätig, was ihr sehr am Herzen lag. Voller Stolz erwähnte Trude Herr in Interviews immer wieder die Lustspielbühne. Nach Dillenburg zog Familie Herr, nachdem die Kölner Wohnung durch Bomben zerstört worden war.

186 Welcher Schachgroßmeister stammt nicht aus bzw. lebt nicht in Porz?

d) Alexander Naumann. Er stammt aus Magdeburg.

187 Für welchen Spruch wurde Udo Lattek, ehemaliger Sportdirektor des 1. FC Köln, 2010 von der Deutschen Akademie für Fußball-Kultur ausgezeichnet?

a) »Im Kölner Stadion ist immer so eine super Stimmung, da stört eigentlich nur die Mannschaft.« b) und c) stammen auch von Udo Lattek. Bei d) handelt es sich um den besten Fußballspruch 2006 von keinem Geringeren als Lukas Podolski.

188 Welche Person ist auf dem Bild zu sehen?

Jürgen Roters, seit 2009 Oberbürgermeister

189 Wer waren die ersten Siedler Kölns?

c) Die Ubier. Der Germanenstamm wurde ab 20 v. Chr. vom römischen Feldherrn und Politiker Agrippa auf dem linken Rheinufer angesiedelt. Das »Oppidum Ubiorum« umfasste eine Fläche von circa 1 Quadratkilometer und war die Keimzelle Kölns.

190 Wofür steht die Abkürzung CCAA?

a) Colonia Claudia Ara Agrippinensium, dt. »Kolonie des (Kaisers) Claudius (und) Opferstätte der Agrippinenser«. Auf Initiative von Agrippina der Jüngeren erhob der römische Kaiser Claudius im Jahr 50 n. Chr. die Geburtsstadt seiner Frau zur römischen Veteranenkolonie mit italischem Stadtrecht, das unter anderem die Selbstverwaltung vorsah. Ein Bogen des römischen Nordtors mit der Inschrift »CCAA« findet sich im Römisch-Germanischen Museum.

191 Wie viele Einwohner hatte das römische Köln zu seiner Blütezeit?

c) 20.000 – 40.000. Außerhalb der Stadtmauern lebten noch einige Tausend Menschen, die in den Metallwerkstätten, Ziegeleien, Töpfereien, Gerbereien und Glashütten arbeiteten. Nach den Frankeneinfällen 276 und 355 sank die Einwohnerzahl auf circa 15.000.

192 Über welche Infrastruktureinrichtung verfügten die Römer?

d) Ein Wasserleitungssystem. Über eine 95 Kilometer lange Wasserleitung kamen von circa 80 bis ungefähr 260 n. Chr. täglich 24.000 Kubikmeter Frischwasser aus der Eifel nach Köln. Das Aquädukt gilt als größtes antikes Bauwerk nördlich der Alpen und ist noch heute in Teilen zu besichtigen, zum Beispiel auf dem »Römerkanal-Wanderweg«. Ebenso verfügten die Römer über unterirdische Abwasserkanäle.

193 Deutz ist ...

d) ... ein ehemaliges römisches Kastell. Im Jahr 310 ließ Kaiser Konstantin das Kastell »Divitia« als rechtsrheinische militärische Sicherung der Römerstadt gegen Germaneneinfälle erbauen. Ebenso ließ er die erste Brücke über den Rhein errichten.

194 Wann erhielt Deutz Stadtrechte?

c) 1230. Nach der Errichtung des Kastells »Divitia« 310 siedelten Franken im 5. Jahrhundert in der neuen »Divitia civitatis«. 1003 wurde Deutz zur »Abtei Deutz«, einem Kloster, umgewandelt. Im Jahr 1888 schließlich verlor es mit der Eingemeindung nach Köln seine Stadtrechte.

195 Von wann datiert der erste schriftliche Beleg einer jüdischen Gemeinde in Köln?

b) 321. Es handelt sich hierbei um ein Dekret des Kaisers Konstantin an den Stadtrat, das Juden auch in die »curia«, den Rat, berufen werden dürfen. 1349 war das Jahr eines schweren Judenpogroms in Köln, und 1424 erfolgte die Ausweisung aus der Stadt Köln. Erst seit dem Ende des 18. Jahrhunderts durften sich Juden wieder auf Kölner Stadtgebiet ansiedeln.

196 Wer übernahm nach den Römern die Herrschaft in Köln?

a) Die Franken. Die ripuarischen Franken vom Mittelrhein (»Uferfranken« von lat. ripa = das Ufer) erobern Köln im Jahr 456, das Zentrum eines ripuarischen Gaus wird. Die Bevölkerung setzt sich aus Franken, anderen Germanen, Kelten und Römern zusammen, verschiedene Religionen existieren nebeneinander.

197 Wer war der erste (belegbare) Bischof von Köln?

d) Maternus. Der Legende nach ist Maternus während einer Mission verstorben und von seinem Kollegen Eucharius durch Petrus' Bischofsstab wieder zum Leben erweckt worden. Tatsache ist dagegen, dass Maternus für die Jahre 313 und 314 als erster Kölner Bischof belegt ist.

198 Wer war der erste Erzbischof von Köln?

a) Hildebold. Von 787 bis 795 war Hildebold Bischof, von 795 bis 818 Erzbischof vom neu zum Erzbistum erhobenen Köln. Außerdem war er Erzkaplan Karls des Großen und Kanzler der Reichskanzlei.

199 Was wünschte sich Hildebold der Sage nach von Karl dem Großen statt eines Goldstücks?

c) Ein Stück Leder, um den Einband seines alten Gebetbuchs zu erneuern. Karl wohnte nach einem Jagdausflug einem Gottesdienst des Dorfpfarrers Hildebold bei, von dem er sehr angetan war. Hildebold zeigte sich dem scheinbaren Jäger gegenüber bescheiden, als Karl ihm für seine Kapelle ein Goldstück spenden wollte. Stattdessen erbat er sich ein kleines Stück Lederhaut des nächsten Rehs, das der Jäger erlegen würde. Der Grundstein für die Freundschaft war gelegt, und Karl setzte sich bei der Bischofswahl für ihn ein.

200 Wann wurde die mittelalterliche Stadtmauer errichtet?

d) 1180. Sie war mit einer Gesamtlänge von 7,5 Kilometern die größte mittelalterliche Stadtbefestigung des damaligen Heiligen Römischen Reiches. Die Anlage verfügte neben der Mauer noch über Wall und Graben.

201 Was gab es im mittelalterlichen Köln nicht?

d) Straßenschilder. Dennoch fanden die Menschen ihr Ziel mühelos. Denn sie verwendeten einprägsame Straßenbezeichnungen, die von den dort ansässigen Handwerkern, Kirchen, Heiligen oder bedeutenden Bauten und Familien abgeleitet waren, so zum Beispiel der Fisch- und Buttermarkt, die Fleischmengergasse mit Schlachthaus und der Blaubach mit Sitz der Blaufärber.

202 Welche kostbare Reliquie brachte Rainald von Dassel nach Köln?

a) Die Gebeine der Heiligen Drei Könige. Nach der Belagerung von Mailand brachte der Erzbischof Rainald von Dassel die Gebeine der »ersten christlichen Könige« 1164 als Kriegsbeute nach Köln, das daraufhin verstärkt Pilger anzog, die für einen enormen wirtschaftlichen Aufschwung sorgten.

203 Was ist ein Büttel?

b) Eine Art Gerichtsdiener und Vollstreckungsbeamter. Ein Büttel konnte diverse Funktionen ausüben, hatte aber allgemein für Ordnung und Ruhe in der Stadt zu sorgen. Er konnte sowohl als Nachtwächter, als Polizist oder Henker auftreten, Verbrecher jagen und unter Folter verhören. Sie trugen einen rot-schwarzen Surkot und blutrote Mäntel, die das Recht auf Blutbann symbolisierten. Genossen sie zunächst hohes Ansehen, entwickelte sich im 13. und 14. Jahrhundert eine Abneigung gegenüber Büttel.

204 Ja oder nein? Im Mittelalter wurde auf Kölner Stadtgebiet Wein angebaut.

Ja. Obwohl Bier das Getränk der kleinen Leute blieb, waren

wohlhabendere Bürger durchaus dem Wein zugetan. Diese Sitte hatten sie von den Römern übernommen, die Wein sowohl importierten als auch anbauten. Weingärten befanden sich um die Kirchen St. Christoph, St. Mauritius und St. Severin.

205 Wo wurde im Mittelalter eine Fibel getragen?

d) An der Kleidung. Fibeln sind frühgeschichtliche Spangen oder Nadeln aus Metall. Mit ihrer Hilfe wurden Kleidungsstücke wie Mäntel oder Stoffbahnen zusammengesteckt. Mitunter konnten Fibeln reich verziert sein.

206 In Köln waren viele Währungen und internationale Münzen im Umlauf. Wonach richtete sich der Wert der Münze?

a) Gewicht und Material. Zunächst wurde der Tauschhandel langsam durch die Bezahlung mit Schmuck ersetzt, der jedoch aus überregional messbaren Werten wie Edelmetall, Edelsteinen oder Perlen bestehen musste. Daraus entwickelten sich stabförmige Barren aus Edelmetall, von denen man den Preis in Gewicht abhackte (Hacksilber). Dementsprechend errechnete man den Wert einer Münze nach dem Gewicht ihres Edelmetalls.

207 Welche war die größte Kölner Zunft?

c) Weber. Kölner Tuche genossen bereits im 12. Jahrhundert einen internationalen Ruf und wurden in Venedig verkauft. Im 14. Jahrhundert wurden auf 300 Webstühlen rund 60.000 Meter Tuchware von 6.000 Menschen hergestellt. Zum Vergleich: Im Mittelalter betrug die Einwohnerzahl Kölns 40.000.

208 Wer wurde im Mittelalter als »Goldgräber« bezeichnet?

c) Der Kloakenreiniger, dessen stinkende Tätigkeit mit diesem Euphemismus bezeichnet wurde.

209 Wo befanden sich die mittelalterlichen Rheinmühlen in Köln?

b) Auf dem Rhein. Auf fast allen mittelalterlichen Stadtansichten sind die verankerten Schiffmühlen (Flöße mit Wasserrad und Holzhütte) zu sehen, weshalb man von einer über 900-jährigen Existenz dieser Mühlen ausgeht. Für das 13. Jahrhundert werden 36 der von der Strömung angetriebenen Mühlen in Köln vermutet. Natürlich gab es auch Mühlen auf festem Grund, die aber nicht Rheinmühlen hießen.

210 Wie sorgte der Büttel nach Marktende dafür, dass verdorbener Fisch am nächsten Tag nicht mehr als frisch verkauft wurde?

a) Er schlug ihm den Kopf ab.

211 Welche Sage rankt sich um den mysteriösen Tod des ersten Dombaumeisters Gerhard von Ryle, der im April 1271 vom Dom stürzte?

d) Die Teufelswette vom Kölner Dom. Der Teufel in Gestalt eines Baumeisters wollte Meister Gerhard einen Rat geben, bekam eine Abfuhr und wettete mit ihm, dass er vor der Domvollendung eine Wasserleitung aus der Eifel bis unter den Dom legen könne. Gerhard setzte seine Seele dagegen. Als er während eines Rundgangs auf dem Dom den Bach sah, stürzte er sich vom Dom. Der Teufel fing ihn ab und fuhr mit ihm in die Hölle. Ursprung der Sage sind der mysteriöse Tod Gerhards und Überreste einer Wasserleitung, die man sich nicht erklären konnte.

212 Welche sagenhafte Glocke ist für den Tod des Glockengießers Wolf verantwortlich?

a) Die Teufelsglocke. Nachdem zwei Glocken, die Wolf in Gottes Namen gebaut hatte, nach dem Guss jeweils einen großen Riss aufwiesen, war er so wütend, dass er nun auf des Teufels Beistand setzte. Und siehe da, der Guss gelang, die Glocke wurde mit Weihwasser geweiht, das sie jedoch unbemerkt beschädigte. Als der Klöppel eingehängt wurde, erklang ein schrecklicher Misston. Wolf stürzte sich daraufhin vom Dom, und die Teufelsglocke durfte nur noch als Warnung vor Gefahren geläutet werden. Ihre Existenz ist nicht belegt.

213 Welches historische Ereignis ist der Grundstein für die Rivalität zwischen Köln und Düsseldorf?

d) Die Schlacht von Worringen 1288. Die berühmte Schlacht beendet den Limburger Erbfolgestreit mit der Niederlage des Kölner Erzbischofs Siegfried von Westerburg und seiner Verbündeten. Sieger ist nicht nur der Graf von Berg mit seinen Düsseldorfer Anhängern, sondern auch die Stadt Köln, die Seite an Seite mit Düsseldorfern gegen das Erzstift Köln gekämpft hatte. Als Gegenpunkt gegen dieses mächtige Erzstift am Niederrhein verlieh der Graf von Berg dem Flecken Düsseldorf das Stadtrecht. Erst in der Folge entwickelten sich die beiden Städte zu konkurrierenden Wirtschaftsmächten.

214 Wann wurde die Kölner Universität gegründet?

a) 1388. Die Gründung eines »Generalstudiums« in Köln wurde am 21. Mai 1388 von Papst Urban VI. gebilligt, der Lehrbetrieb begann am 6. Januar 1389. Anders als andere Gründungen ging die Initiative in Köln nicht von einem Fürsten, sondern vom Rat der Freien Reichsstadt Köln, also von den Bürgern, aus. 1798 wurde sie durch die Franzosen aufgehoben, 1919 neu gegründet, und 1988 hatte sie ihr 600-jähriges Jubiläum.

215 Was ist der »Kölner Brand«?

a) Ein mittelalterliches Gütesiegel für Fisch. Im Zuge des Stapelrechts trieb Köln besonderen Handel mit Fisch und Seefisch. Verträge mit holländischen, seeländischen und zuiderseeischen Städten regelten Packung, Sortierung und Konservierung der Fische, die im Kölner Stapelhaus einer Qualitätsprüfung unterzogen wurden. Ordnungsgemäße Verpackungen erhielten das städtische Dreikronenbrandzeichen, den »Kölner Brand«.

216 Was ist der »Verbundbrief«?

c) Die erste Kölner Verfassung. Der Verbundbrief steht am Ende eines Aufstands der Kölner Gaffeln gegen die alleinige Patrizierherrschaft im Jahr 1396. Erstmals wurde ein Rat aus Kaufleuten, Handwerkern und Grundbesitzern eingesetzt, der eine neue städtische Verfassung beauftragte. Der Verbundbrief trat am 14. September 1396 mit der Unterzeichnung der 22 Gaffeln in Kraft.

217 Was ist der »Transfixbrief«?

c) Eine Ergänzung zum Verbundbrief. Der Transfixbrief aus dem Jahr 1512 ergänzt den Verbundbrief um diverse Bestimmungen. Er war nötig geworden, weil sich auch innerhalb des neuen Rats viel Klüngelwirtschaft gebildet hatte. 1512 brach erneut ein Aufstand aus, in dessen Folge zehn Ratsherren auf dem Heumarkt hingerichtet wurden. Verbund- und Transfixbrief blieben bis 1794 in Kraft.

218 Was ist das Stapelrecht?

d) Das Vorkaufsrecht für Kölner, Waren, die Köln eigentlich passieren sollten, zu kaufen. 1259 vom Erzbischof verliehen, war es bis zu seiner Abschaffung durch die Preußen 1831 eine wichtige Quelle des Kölner Wohlstands. Alle Waren mussten abgeladen, »gestapelt« und drei Tage lang zum Kauf angeboten werden.

Selbstredend, dass sich die Kölner nur die beste Qualität aussuchten.

219 Welcher Kölner Gelehrte soll der Sage nach einen künstlichen Menschen aus Metall geschaffen haben?
d) Albertus Magnus. Jahrelang soll er an diesem Menschen gearbeitet und ihn auch fertiggestellt haben, als sein Schüler Thomas von Aquin sich in das Arbeitszimmer schlich. In einer Nische hinter einem Vorhang fand er Magnus' »Monster«, das ihn mit »Sei gegrüßt!« ansprach. Vor Entsetzen zerschlug er das Lebenswerk seines Lehrers zu einem Schrotthaufen.

220 Woher stammen die Kölner Stadtfarben Rot und Weiß?
b) Köln hat als Mitglied die Farben der deutschen Hanse – Rot und Weiß – übernommen. 1280 schlossen sich die Hansen Hamburgs, Lübecks und Kölns zur deutschen Hanse zusammen, deren Farben Rot und Weiß waren. Unter anderem das Kölner Stadtwappen ist in diesen Farben gehalten.

221 Was symbolisieren die elf schwarzen Flammen, Tränen oder Tropfen im Kölner Stadtwappen?
a) 11.000 Jungfrauen, die den Märtyrertod starben, und zwar zusammen mit der späteren Stadtheiligen Ursula, einer bretonischen Prinzessin, die sich weigerte, den Hunnenprinzen Attila zu heiraten und deshalb mit ihren elf Jungfrauen den Märtyrertod starb und in Köln begraben wurden. Wahrscheinlich durch einen Übersetzungsfehler wurden daraus 11.000 Jungfrauen. Das Wappen stellt den Reliquienreichtum Kölns dar und zeigt eigentlich keine Flammen, sondern schwarze Hermelinschwänze auf weißem Hermelinfell, weil das bretonische Wappen aus Hermelinpelz und Ursula die Schutzheilige der Kölner Tuchhändler war.

222 Worum handelt es sich beim »Weck« in der »Weckschnapp«-Sage?
c) Brot. Der Sage nach hat es im Mittelalter geheime Femegerichte gegeben, die unehrenhafte Patrizier zum Tod in der Weckschnapp verurteilten. In einem Gefängnisturm am Rhein saßen die Gefangenen unter einem an der Decke aufgehängten Brotlaib, der »Weck« genannt wurde. Sprang der Gefangene danach, öffnete sich eine Falltür in einen Schacht, der mit Messern gespickt war. Es soll nur einen einzigen Überlebenden gegeben

haben. Der echte Turm stand in der Nähe der Bastei, häufig wird aber das in ein Wohnhaus integrierte sogenannte »Thürmchen« am Rhein dafür gehalten.

223 Welche Tiere laufen in der Richmodissage eine Treppe hinauf und schauen zum Fenster hinaus?

d) 2 Pferde. Der Sage nach ist die 1349 an der Pest verstorbene Richmodis von Aducht aus dem Scheintod erwacht, während Grabräuber nachts ihren Schmuck klauen wollten. Ihr Ehemann Mengis, ein reicher Kaufmann, konnte die Nachricht nicht glauben und antwortete den Boten, dass eher seine zwei Pferde die Treppe hinauflaufen und aus dem Fenster schauen würden … was prompt geschah. Der Turm mit den zwei Pferdeköpfen in der Richmodstraße erinnert noch heute an die Pestepidemie.

224 Welche Frauenzunft gab es in Köln nicht?

b) Bäckerinnen. Insgesamt waren vier Zünfte in Frauenhand, noch nicht erwähnt sind die Seidweberinnen (später Seidspinnerinnen). An die Zunft der Seidmacherinnen erinnert das Seidmacherinnengäßchen, das ehemals »Unter Seidmacher« hieß und auf Initiative des Kölner Frauengeschichtsvereins seinen jetzigen Namen erhielt.

225 Wann wird Köln offiziell Freie Reichsstadt?

c) 1475 nach dem Engagement im »Neusser Krieg«. Nachdem sich Köln in der Schlacht von Worringen von der Herrschaft der Erzbischöfe befreit hatte, bekam es rund 200 Jahre später auch de iure das kaiserliche »Reichsstadtprivilig« verliehen. Zum Neusser Krieg kam es, weil die Stadt Köln und das Domkapitel den Erzbischof Ruprecht von der Pfalz nicht anerkennen wollten. Kaiser Friedrich III. löste den Konflikt per Vertrag.

  Wissen Sie Köln? – Antworten

226 Was verzeichnet die »Koelhoffsche Chronik« von 1499?

d) Die Kölner Stadtgeschichte. Johann Koelhoff ist der Verleger der »Cronica van der hilliger Stat van Coellen«, ihr Verfasser blieb unbekannt, entstammte aber wahrscheinlich dem Klerus, da er die dortigen Missstände und das Fehlverhalten weltlicher Herrscher anprangerte. Aus diesem Grund zensierte Erzbischof Hermann IV. von Hessen die Chronik, die daraufhin vom Rat verboten wurde. Koelhoff war dadurch wirtschaftlich ruiniert. Für Historiker ist die Chronik von großer Bedeutung.

227 In welchen Krieg zog der Sage nach der von Griet verschmähte Jan (Johann) von Werth?

a) Dreißigjähriger Krieg (1618–1648). Jan von Werth war ein Knecht aus einfachen Verhältnissen, weshalb die Magd Griet seinen Heiratsantrag ablehnte. So ließ er sich als Soldat im Dreißigjährigen Krieg anwerben, wo er bis zum General aufstieg und bedeutende Siege errang. Jahre später zieht er im Triumphzug durch das Severinstor, sieht Griet, die auf dem Markt arbeitet und ihre Entscheidung mit den Worten bedauert: »Jan, wer et hätt jewoss!« Nach diesem persönlichen Triumph lässt Jan sie stehen. Eine Plakette an der Severinstorburg berichtet über die Sage.

228 Gegen wen richtete sich die vom Rat 1714 erlassene »Beysassenverordnung«?

c) Gegen Protestanten in Köln. Köln war eine katholische Hochburg, in der Protestanten als »Beysassen« kein Kölner Bürgerrecht genossen. Seit 1674 mussten sie ein Schutz- und Schirmgeld entrichten, und die »Beysassenverordnung« enthielt religiöse, politische und wirtschaftliche Beschränkungen, aufgrund derer neun wohlhabende protestantische Kaufmannsfamilien ins benachbarte Mülheim gingen.

229 Wer war der erste Produzent von »Kölnisch Wasser«?

b) Giovanni Paolo de Feminis. Während es zeitweise über 50 Kölnisch-Wasser-Produzenten gab, darunter viele mit dem italienischen Allerweltsnamen Farina (= Mehl), steht fest: Giovanni Paolo de Feminis begründete 1693 mit seinem duftenden Wunderwasser (Aqua mirabilis) den weltweiten Ruf des Eau de Cologne. Die Rezeptur hat er angeblich von einem Mönch erhalten. Johann Maria Farina war der erste Farina und Gründer der heute noch erhältlichen Marke »Johann Maria

Farina gegenüber dem Jülichs-Platz« (1709). Wilhelm Mühlens war Gründer der Marke »4711« und Napoleon einer der größten Abnehmer.

230 Nicht nur Protestanten, auch Juden durften nicht in Köln siedeln. Was benötigten sie zum Passieren des Stadttores?
a) Erlaubnisschein. Von 1424 bis 1797 galt diese Vorschrift neben vielen weiteren Schikanen gegenüber Juden. Da die Kölner aber nicht auf das Können der jüdischen Ärzte und die Waren der jüdischen Händler verzichten wollten, durften sie bis zum Sonnenuntergang die Stadt betreten. Die Franzosen hoben diese Beschränkungen auf, und dem Getreidehändler Joseph Isaac Stern wurde am 16. März 1798 als erstem Juden seit Langem die Niederlassung mit seiner Frau Sara in Köln bewilligt.

231 Wer ist schuld, dass die Heinzelmännchen den Kölnern nicht mehr die Arbeit abnehmen?
b) Des Schneiders Weib. Die Heinzelmännchen waren zwar fleißig, wollten aber nicht gesehen werden, weshalb sie nachts arbeiteten. Die neugierige Frau verteilte Erbsen auf der Treppe, auf denen die Hausgeister ausrutschten. Darüber fluchend, verließen sie die undankbare Stadt. August Kopisch (1799–1853) verfasste 1836 eine berühmte Ballade über sie; zu seinem 100. Geburtstag wurde der Heinzelmännchenbrunnen in der Straße Am Hof gestiftet.

232 Woher stammen der Sage nach die Kölner Kinder?
c) Maria hütet die Kinder neun Monate auf dem Grund des Kunibertspütz' (Brunnen). Wünschte sich eine Frau ein Kind, musste sie vom Brunnenwasser trinken. Maria suchte dann ein Kind aus und bereitete es neun Monate auf das Erdenleben vor. Ein altes Lied beschreibt es so: »Us däm ahle Kunebäätspötzge / kumme mer all ohn Hemp un Bötzge. / Jo dä Storch, dä hat uns heimjebraat / un bei der Mamm en et Bett jelaat.« Der Brunnen steht heute in der Krypta von St. Kunibert.

233 Welche drei Worte beschreiben den Zustand in Köln beim Einmarsch der Franzosen 1794?
a) verdreckt, rückständig, verarmt. Was einst der Kölner Wirtschaft diente, erwies sich am Ende der reichsstädtischen Zeit als Hemmschuh: das veraltete Zunftwesen, das sich gegen technische und organisatorische Reformen stemmte. Nur zunftfreie

neue Gewerbe wie Tabakverarbeitung und Kölnisch-Wasser-Produktion erlebten einen Aufschwung. Hinzu kamen eine kleine reiche Oberschicht und ein großer verarmter Bevölkerungsanteil. Im Gegensatz dazu erlebte Mülheim einen wirtschaftlichen Boom, denn andersgläubige Kaufleute sind aus Köln in die rechtsrheinische Stadt abgewandert. Kölns Wirtschaft erholte sich erst ab 1798 mit der Aufhebung der Zünfte und der Einführung der Gewerbe- und Religionsfreiheit (1802) durch die Franzosen.

234 Als die Franzosen nach Köln kamen, sorgten sie für Ordnung. Wer war 1812 damit beauftragt, die Kölner Straßennamen ins Französische zu übersetzen?
d) Ferdinand Franz Wallraf. Die Straßennamen sollten auf Französisch an den Hausfassaden zu lesen sein.

235 Was erschien 1795 zum ersten Mal?
a) Kölner Adressbuch. Nachdem die Franzosen Köln in vier Quartiere eingeteilt und die Häuser nummeriert hatten, gab der Verleger Metternich den ersten »Gemeinnützigen Adresse Kalender der Stadt Köllen« heraus. 1797 erfolgte die Neuauflage mit dem Titel »Verzeichnis der stadtkölnischen Einwohner«. Es enthielt die Namen der Bewohner, deren Berufe sowie die Haus-Nummern.

236 Wann fanden die ersten öffentlichen evangelischen Gottesdienste in Köln statt?
d) 1802 mit der französischen Religionsfreiheit. Von 1802 bis 1805 fanden sie im großen Saal des Zunfthauses der Brauer in der Schildergasse statt, bis am 19. Mai 1805 die zu einer evangelischen Kirche umgebaute Antoniterkirche feierlich geweiht werden konnte. Vor 1802 hatten die Gottesdienste im Geheimen stattfinden müssen.

237 Welcher berühmte Nichtkölner gab einen entscheidenden Anstoß zur Sanierung und zum Weiterbau des Doms im 19. Jahrhundert?
b) Johann Wolfgang von Goethe. Köln war nach dem Wiener Kongress soeben den Rheinlanden zugeschlagen worden, als Goethe die Stadt und den Dom 1815 besuchte. Davon beeindruckt, schickte er dem preußischen Minister des Inneren, von Schuckmann, ein Memorandum zur Restaurierung des Doms.

Oberbaudirekter Schinkel besuchte daraufhin den Dom zur Begutachtung … der Rest ist Geschichte.

238 Von wann bis wann war Köln Festungsstadt?
b) 1815–1918. Köln war bis zum Ende des Ersten Weltkriegs das preußische Bollwerk im Westen gegen die Franzosen, was sich in alten Straßennamen, dem Grundriss und Bauten noch heute widerspiegelt. Köln verdankt der Aufgabe der Festungswerke die vielen Grünanlagen im Innenstadtbereich, den Äußeren Grüngürtel sowie große freie Flächen beispielsweise in Deutz, wo das Gebiet vor den Festungswerken zur Sicherheit weiträumig unbebaut war: So konnten Messe und Rheinpark quasi im Innenstadtbereich angelegt werden. Bis in die jüngste Zeit hinein ist in Deutz Platz für Großbauprojekte.

239 Wann machte der erste Rosenmontagszug seine Runden?
c) 1823 mit der Karnevalsreform. Am 10. Februar 1823 drehte der Rosenmontagszug anderthalb Runden auf dem Neumarkt.

240 Wann wurde die mittelalterliche Stadtmauer geschleift?
b) 1881. Der Grund waren die beengten Verhältnisse und das Ausdehnungsbestreben der Stadt.

241 Wann und wodurch hatte Köln erstmals seit der Römerzeit wieder eine zentrale Wasserversorgung?
d) Bau des Wasserturms 1868–1872. Er wurde nach einem Entwurf des Architekten John Moore errichtet und sorgte zusammen mit dem Wasserwerk an der Alteburg für eine zentrale Wasserversorgung – erstmals seit 1.400 Jahren nach den Römern. Nach 30 Jahren war er jedoch viel zu klein für den wachsenden Bedarf. Inzwischen ist er zu einem Luxushotel umgebaut worden.

242 Welchen Decknamen verwendeten die Kölner für die BBC, die im Zweiten Weltkrieg deutschsprachige Programme sendete?
a) Nippeser Sender. Es war streng verboten, Nachrichten und Propaganda ausländischer Sender zu hören. Um sich trotzdem über die neuesten Meldungen unterhalten zu können, sprachen die Kölner von den Neuigkeiten des »Nippeser Senders« – schließlich lag Nippes außerhalb des Grüngürtels und kam damit dem Ausland gleich.

243 Wie hieß die Ehrenfelder Gruppe jugendlicher NS-Regime-gegner, an die inzwischen ein Festival im Friedenspark erinnert?

Edelweißpiraten. Widerstand gegen den Nationalsozialismus bedurfte des Mutes, den viele Jugendliche aufbrachten. Oftmals gehörten sie zur Bündischen Jugend, deren Ideale nach Freiheit und Natur denen der Hitlerjugend widersprachen. Es kam daher zu Gründungen von Edelweißpiraten-Gruppen, deren Zentrum ab 1942 in Ehrenfeld lag und die aktiv im Widerstand tätig waren. Das Edelweißpiratenfestival ist ein »lebendes Denkmal für die mutige, unangepasste Jugend der NS-Zeit«.

244 Was geschah mit dem Karneval im Nationalsozialismus?

d) Er fand statt und passte sich der nationalsozialistischen Ideologie an. Traurig, aber wahr: Es gab antisemitische Witze im Sitzungskarneval, Spottlieder, und die Wagen des Rosenmontagszugs zeigten Judenparodien. Widerstand regte sich kaum und wurde hart, zum Teil mit dem Tod bestraft.

245 Welchen Beinamen gaben die Kölner der steinernen Madonna von St. Kolumba?

Madonna in Trümmern. Nach der völligen Zerstörung der Kirche durch Bombentreffer im Jahr 1943 blieb – einem Wunder gleich – eine Marienstatue unversehrt in den Trümmern stehen. Für viele kriegsgebeutelte Kölner wurde sie – bis heute – zu einem Symbol der Hoffnung und einem Pilgerort.

246 Was bedeutet der Ausdruck »fringsen«?

a) Kohlen klauen, und zwar quasi mit Gottes Segen. In seiner Silvesterpredigt im Jahr 1946 sagte Josef Kardinal Frings: »Wir leben in Zeiten, da in der Not auch der Einzelne das wird nehmen dürfen, was er zur Erhaltung seines Lebens und seiner Gesundheit notwendig hat, wenn er es auf andere Weise, durch seine Arbeit oder Bitten, nicht erlangen kann.« Er mahnte auch, den sogenannten Mundraub nicht zu übertreiben. Der Kohlenklau nahm im harten Winter 1947 zu – die Kölner Bevölkerung fühlte sich in ihrer Not moralisch darin bestärkt zu »fringsen«.

247 Was plante man in den 1960ern für den Inneren Grüngürtel?

b) Eine Stadtautobahn zwischen Innerer Kanalstraße und Eisenbahnring. Diese sollte die Innenstadt mit der A3 und A4 im Osten, der A1 und A57 im Norden und der A4 im Süden verbinden.

Bevölkerung und Politik protestierten. Schließlich wurden nur die Innere Kanalstraße sechsspurig ausgebaut (bis auf 1,3 Kilometer) und die Anbindung an das Autobahnkreuz Köln-Ost über die Zoobrücke und zur A57 geschaffen.

248 In welcher Bundesligasaison wurde der 1. FC Köln das erste Mal Deutscher Meister?
a) 1963/64. Dies war die erste Saison der neu gegründeten Fußball-Bundesliga überhaupt. Zuvor hat es deutschlandweite Oberligen als höchste Spielklassen gegeben.

249 Wann fanden in Köln die ersten Demonstrationen für die Rechte von Schwulen, Lesben und Transgender statt?
b) 1971. Der Vorläufer des Kölner Christopher Street Day wurde von der Gay Liberation Front veranstaltet, seit 1991 organisiert der Kölner Lesben- und Schwulentag e.V. (KLuST) die CSD-Parade. Sie entstand als Erinnerung an den Stonewall-Aufstand in der New Yorker Christopher Street von 1969, als sich Schwule und Lesben erstmals der staatlichen Willkür widersetzten. Bis heute wird während des CSD für Akzeptanz und Gleichberechtigung von Homosexuellen und Bisexuellen demonstriert. 2002 fand in Köln der gesamteuropäische CSD EuroPride statt.

250 Der Abriss welches/welcher Gebäude führte 1980 zur größten Hausbesetzung Kölns?
c) Der Schokoladenfabrik Stollwerck im Severinsviertel. Nachdem 1975 die Produktion nach Westhoven verlegt worden war, wurde das Gelände zum Sanierungsgebiet erklärt. Ein Bebauungsplan sah vor, 60 Prozent der Werksbauten durch Neubauten zu ersetzen, Anwohner wollten das gesamte Werk in Eigeninitiative zu günstigem Wohnraum umbauen, und rund 600 Bürger besetzten unter dem Slogan »Macht Stollwerck zum Bollwerk« die Gebäude – ohne Erfolg: Bis auf den Annosaal und die Maschinenhalle wurden die Gebäude abgerissen. Das Bürgerhaus Stollwerck im ehemaligen preußischen Proviantamt erinnert noch an die Schokoladenfabrik.

251 Mit welcher Kampagne demonstrierten Kölner Künstler 1992 gegen rechte Gewalt?
d) Arsch huh, Zäng ussenander (Arsch hoch, Zähne auseinander). 100.000 Menschen waren dem Aufruf von Kölner Musikern gefolgt und kamen am 9. November 1992 auf dem Chlodwigplatz

zu einem Konzert »gegen Rassismus und Neonazis« zusammen. Die ebenfalls gegründete AG Arsch huh organisierte seitdem weitere Projekte gegen Rechts, darunter die Neuauflage vom 20. September 2008, als Zehntausende unter dem Motto »Köln stellt sich quer« auf der Domplatte einen »Anti-Islamisierungs-Kongress« verhinderten.

252 Wer lag den G-8-Regierungschefs beim Weltwirtschaftsgipfel in Köln am 18. Juni 1999 zu Füßen?

c) Der Weingott Dionysos. Als die Regierungschefs der G-8-Staaten (Deutschland, Frankreich, Großbritannien, Italien, Japan, Kanada, USA und Russland) ihre Gespräche über Globalisierung, Finanzkrisen und Co. beendet hatten, knurrte ihnen sicherlich der Magen. Zum Glück hatte der damalige Bundeskanzler Gerhard Schröder zum Essen eingeladen – an einem ganz speziellen Ort: Aufgetischt wurde im Römisch-Germanischen Museum. Das Essen stand im Zeichen von Transparenz: Gespeist wurde von durchsichtigen Tellern an einem Acryltisch – der auf dem durch eine Glasplatte geschützten und aus 1,5 Millionen Steinchen bestehenden Dionysosmosaik stand.

253 Erschreckende Zwischenbilanz: Welchen Zwischenfall bzw. welches Unglück gab es beim Bau der Nord-Süd Stadtbahn nicht?

d) Eine 100-Meter-Strecke zwischen den Haltestellen Rathaus und Heumarkt, die fälschlicherweise nach den Plänen der Strecke zwischen Heumarkt und Severinstraße gebaut wurde. Neben zahlreichen weiteren Zwischenfällen sind die anderen drei traurige Realität.

254 Gegen welchen Ratsbeschluss demonstrierten die Karnevalsjecken Anfang 2008 mit schwarzen Pappnasen?

d) Gegen das Kölner Platzkonzept. Der Rat sah vor, insbesondere Zeltveranstaltungen auf innerstädtischen Plätzen zu begrenzen. Dies hätte das Aus für die beliebte »Volkssitzung« der Karnevalsgesellschaft Alt Köllen auf dem Neumarkt bedeutet. Nicht nur Jecke, auch Dreigestirn und Festkomiteeleitung traten aus Protest mit schwarzen Pappnasen auf – und setzten sich durch. Das Glasverbot wurde übrigens sehr begrüßt, das Schirmverbot wäre wünschenswert, und das Schunkelverbot gibt es nicht.

255 Welche Pläne kippte ein Kölner Bürgerbegehren im April 2010?

c) Den Abriss des Schauspielhauses und der Opernterrassen. Obwohl vom Rat beschlossene Sache, konnten der Abriss und ein abgespeckter Neubau verhindert und so das Gebäudeensemble des Architekten Wilhelm Riphahn erhalten werden. Eine Machbarkeitsstudie belegte, dass die Sanierung kostengünstiger ist.

Wissen Sie Köln? – Antworten

256 Wie viele Einwohner hat Köln? (Stand: 2010)
c) 1.027.504. Für das Jahr 2015 werden 1.031.400, für 2025 1.031.800 Einwohner prognostiziert.

257 Wie viele Quadratkilometer umfasst das Kölner Stadtgebiet ? (Stand: 31.12.2009)
d) 405,16 km²

258 Wie groß ist der Gesamtumfang des Kölner Stadtgebiets? (Stand: 2010)
b) rd. 130 km

259 Wie groß ist Köln in seiner Ausdehnung? (Stand: 2010)
d) Ost–West 27,6 km, Nord–Süd 28,1 km

260 Wie viele Quadratkilometer des Kölner Stadtgebiets sind bebaut? (Stand: 2009)
a) 137,03 km². Dies sind 33,8 Prozent des Stadtgebiets.

261 Wie viele Quadratkilometer Parks und Grünanlagen gibt es im Kölner Stadtgebiet?
d) 41,91 km²

262 Wie viele Quadratkilometer Wald gibt es im Kölner Stadtgebiet?
c) rd. 62 km². Dies sind 15,4 Prozent des Stadtgebiets und entspricht einer Fläche von circa 12.000 Fußballfeldern.

263 Wie viele Quadratkilometer des Kölner Stadtgebiets werden landwirtschaftlich und gärtnerisch genutzt? (Stand: 2009)
c) 72,37 km². Dies sind 17,9 Prozent des Stadtgebiets.

264 Wie viele Quadratkilometer Wasserfläche gibt es im Kölner Stadtgebiet? (Stand: 2009)
a) 20,4 km². Dies sind 5 Prozent des Stadtgebiets.

265 Wie viele Einwohner pro Quadratkilometer gibt es in Köln? (Stand: 31.12.2009)
c) 2.518

266 Wie hoch ist das Durchschnittsalter der Kölner?
(Stand: 31.12.2009)

b) 41,8 Jahre. Bei Frauen liegt das Durchschnittsalter bei 42,9 Jahren, bei Männern bei 40,7 Jahren.

267 Wie viele Einwohner mit Migrationshintergrund hat Köln?
(Stand: 2010)

d) 341.122. Dies entspricht 33,19 Prozent aller Einwohner.

268 In wie vielen der 537.017 Kölner Haushalte leben Kinder?
(Stand: 2010)

b) 97.598. Darunter sind 52.598 Haushalte mit einem und 45.000 mit zwei und mehr Kindern. In 24.145 Haushalten leben Alleinerziehende.

269 Wie viele Kölner Schülerinnen und Schüler gibt es an allgemeinbildenden Schulen (ohne 2. Bildungsweg, freie Waldorfschule)? (Stand: 2010)

a) 100.800

270 Wie viele allgemeinbildende Schulen gibt es in Köln (ohne freie Waldorfschule)? (Stand: 2010)

b) 275

271 Wie viele Studierende gibt es in Köln insgesamt? (WS 2009/10)

b) 70.027. Davon sind 35.020 Frauen. Die Zahl ausländischer Studierender beträgt 8.919.

272 Wie viel Prozent der Kölner Bürger sind katholisch?
(Stand: 2010)

a) 38,56 Prozent. 16,78 Prozent sind evangelisch, und 44,64 Prozent sind anderer Konfession oder haben keine Angabe gemacht (Werte sind gerundet).

273 Wie viele Mitglieder zählt die Kölner Synagogen-Gemeinde?

c) circa 5.000. Neben dem Gebiet der Stadt Köln gehören auch Bergheim, Bergisch Gladbach, Brühl, Gummersbach und Wipperfürth zur Gemeinde.

274 Wie viele Muslime leben in Köln?

d) > 120.000

275 Wie viele Kirchen gibt es in Köln?
c) 244. 164 der Gotteshäuser im »hilligen Köln« sind katholisch, 80 evangelisch.

276 Wie viele Synagogen gibt es in Köln?
b) 1. Die Synagoge befindet sich in der Roonstraße 50.

277 In wie viele Stadtbezirke ist Köln unterteilt?
b) 9. Es handelt sich um die Bezirke Innenstadt, Rodenkirchen, Lindenthal, Ehrenfeld, Nippes, Chorweiler, Porz, Kalk und Mülheim.

278 Aus welchen Stadtteilen besteht der Stadtbezirk Nippes?
Nippes, Mauenheim, Riehl, Niehl, Weidenpesch, Longerich, Bilderstöckchen

279 In wie viele Stadtteile ist Köln unterteilt?
c) 86. Es gibt 86 Kölner Stadtteile, die übrigens nicht immer dasselbe Gebiet umfassen wie ein »Veedel«.

280 Liegt der Stadtteil Ensen links- oder rechtsrheinisch?
Rechtsrheinisch. Ensen liegt genau am Rhein und grenzt im Norden an Westhoven und im Süden an Porz.

281 Zu welchem Stadtbezirk gehört der Stadtteil Finkenberg?
d) Porz

282 Wie viele zugelassene Kfz gibt es in Köln? (Stand: 31.12.2009)
c) 487.761. Darunter fallen 27.240 Lkw und Omnibusse, 32.842 Krafträder und 420.415 Pkw.

283 Wie lang sind die Kölner Straßen insgesamt (inkl. Autobahnen, Bundes-, Landes-, Kreis- und Gemeindestraßen?
(Stand: 2009)
a) 2.561 km. Seit dem Jahr 2000 gibt es damit 211 Kilometer mehr.

284 Wie lang ist die längste Kölner Straße?
b) 21,6 km. Die längste Kölner Straße ist die Militärringstraße.

285 Wie lang ist die reguläre Amtszeit des Kölner Oberbürgermeisters?
c) 6 Jahre. Die nächste Wahl ist für 2015 angesetzt.

**286 Wie viele Bürgermeisterinnen und Bürgermeister
stehen an der Seite des Oberbürgermeisters?**
a) 4

**287 Wie viele Mitglieder sitzen im Kölner Rat
(ohne Oberbürgermeister)?**
d) 90. Daneben hat der direkt gewählte Oberbürgermeister
Stimmrecht und leitet die Sitzungen.

288 Wie lang ist die Wahlperiode bei der Kommunalwahl?
c) 5 Jahre. Bei der Kommunalwahl werden der Rat und die Be-
zirksvertretungen gewählt.

**289 In wie viele Dezernate ist die
Kölner Stadtverwaltung eingeteilt?**
b) 8. Neben dem Dezernat des Oberbürgermeisters gibt es sie-
ben weitere, die von einem berufsmäßigen Stadtrat als kom-
munalem Wahlbeamten geleitet werden.

290 Nennen Sie drei der Kölner Dezernate.
Dezernat OB; Dezernat I – Allgemeine Verwaltung, Ordnung
und Recht; Dezernat II – Finanzen; Dezernat III – Wirtschaft und
Liegenschaften; Dezernat IV – Bildung, Jugend und Sport; Dezernat V – Soziales, Integration und Umwelt; Dezernat VI – Planen
und Bauen; Dezernat VII – Kunst und Kultur

**291 Wie viele Mitarbeiterinnen und Mitarbeiter
hat die Kölner Stadtverwaltung?**
d) 17.000

292 Wie viele Hörfunkgeräte sind in Köln gemeldet?
(Stand: 31.12.2009)
c) 628.420

293 Wie viele Fernseher sind in Köln gemeldet? (Stand: 31.12.2009)
b) 446.243

294 Wie viele Kinoleinwände/-säle gibt es in Köln?
(Stand: 31.12.2009)
b) 56. Zum Vergleich: Noch im Jahr 2000 hat es 69 Kinolein-
wände/-säle gegeben.

  Wissen Sie Köln? – Antworten

295 Wie viele Sitzplätze bieten die Kölner Kinos insgesamt?
(Stand: 31.12.2009)
c) 11.015. Das sind 10,8 Plätze je 1.000 Einwohner.

296 Wie häufig gingen die Kölner 2009 insgesamt ins Kino?
d) 2.700.681-mal. Das sind 2,6-mal je Einwohner.

**297 Wie hoch war 2009 der durchschnittliche Preis
für ein Kinoticket?**
b) 6,55 Euro. Zum Vergleich: Im Jahr 2001 kostete ein Ticket
durchschnittlich 6,06 Euro, 2002 nur 5,91 Euro.

298 Wie viele Tierarten gibt es im Kölner Zoo? (Stand: 2009)
c) 746.

299 Wie viele Tiere gibt es insgesamt im Kölner Zoo? (Stand: 2009)
d) 9.179. Zum Vergleich: Im Jahr 2006 hat es bei 730 Tierarten
11.091 Tiere insgesamt gegeben.

300 Wie viele Besucher verzeichnete der Zoo 2009?
d) 1.509.600. Zum Vergleich: 2001 kamen nur 830.353 Besucher.

Auswertung

0–100 Punkte – Köln-Anfänger

Ein Anfang ist gemacht. Sie wissen genug über Köln, dass man Sie allein zum Büdchen schicken kann und Sie mit dem georderten Kölsch statt Alt zurückkommen werden. Kleiner Tipp, um schnell ein Köln-Wisser zu werden: Tauschen Sie die Alt-Taste auf Ihrer Computertastatur gegen Kölsch aus und bilden Sie auf Partys eine Interessengemeinschaft mit Köln-Wissern – lassen Sie sich alles erzählen.

101–200 Punkte – Köln-Überblicker

Sie haben den Überblick, und das ist in einer so facettenreichen Stadt mit 2.000-jähriger Tradition eine tolle Leistung (insbesondere wenn es darum geht, eine Post zu finden – falls Sie also spontan drei Postfilialen innerhalb von 30 Sekunden nennen können, dürfen Sie sich zum Köln-Wisser hochstufen).

201–300 Punkte – Köln-Wisser

Herzlichen Glückwunsch – Sie wissen Bescheid. Ihnen kann das Kölner Einbahnstraßengeflecht nichts anhaben. Außerdem kann man Sie bedenkenlos Karneval feiern lassen – auch aus diesem Dickicht finden Sie heil nach Hause. Aber warum bis dahin warten? Feiern Sie doch eine eigene Party, auf der Sie mit Ihrem Köln-Wissen glänzen können!

301–308 Punkte – Köln-Besserwisser

Sie haben ALLE Fragen richtig beantwortet und Extrapunkte ergattert. Dazu bedarf es sowohl Glück als auch Verstand, und im Grunde ist dem nun nichts mehr hinzuzufügen, was Sie nicht eh schon wüssten.

Quellen

Baumeister, Jens: Karneval für Imis. Ein Survivalguide durch den Kölner Karneval, Köln 2010.

Becker-Jákli, Barbara: Das jüdische Köln. Geschichte und Gegenwart. Ein Stadtführer, Köln 2011.

Deutsches Universalwörterbuch vom Duden Verlag.

http://fussball.marco-bellini.de/sonstiges/spruecheundversprecher/index.html

http://query.nytimes.com/gst/fullpage.html?res=9A0DE7D7173AF932A25752C0A96F9C8B63&scp=1&sq=rheinauhafen%20cologne&st=cse&pagewanted=4

http://web.archive.org/web/20070928141033/http://www.csd-cologne.de/portal/loader.php?seite=geschichte_de&navigation=10700&root=800

http://www.antonitercitykirche.de/Geschichte.aspx

http://www.csd-cologne.de/csdparade_de,15352.html

http://www.dradio.de/dkultur/sendungen/laenderreport/914593/

http://www.erzbistum-koeln.de/erzbistum/institutionen/historische-sarchiv/archivschaetze/fringsen.html

http://www.express.de/regional/koeln/darum-ist-es-am-koelner-dom-so-windig-/-/2856/8698858/-/index.html

http://www.ford.de/UeberFord/FordinDeutschland

http://www.haenneschen.de/geschichte.php

http://www.juedischesmuseum-koeln.de/index.html

http://www.koeln.de/koeln/die_domstadt/koeln_in_zahlen

http://www.koeln.de/koeln/ehrenfelder_grossmoschee_feiert_richtfest_428137.html

http://www.koelner-dom.de/dieteufelsglocke.html

http://www.koelner-wochenspiegel.de/rag-kws/docs/361359/

http://www.koeln-im-film.de/kinos_21.html

http://www.koelnliebtduesseldorf.de/

http://www.koelnmesse.de/de/home/index.php

http://www.koelntourismus.de/fileadmin/Mediendatenbank/PDFs/Koeln/Koeln_fuer/OIC_Web.pdf

http://www.koelsch-akademie.de/

http://www.ksta.de

http://www.ksta.de/html/artikel/1273823399771.shtml

http://www.leben-in-koeln.net/blog-post/2011/04/15/koelner-zeitungen-und-magazine.html

http://www.lvrr.de/Landesschau/2011/index.htm

http://www.presseportal.de/pm/52942/604818/ab-jetzt-zweimal-mccaf-in-deutschland-mcdonald-s-feiert-im-restaurant-am-barbarossaplatz-die

http://www.rp-online.de/region-duesseldorf/duesseldorf/nachrichten/neue-miss-koeln-kommt-aus-duesseldorf-1.1130437

http://www.soehnekoelns.de/documents/kf6ln_city.html

http://www.stadt-koeln.de

http://www.stadt-koeln.de/mediaasset/content/pdf15/koelner-stadt-teile-in-zahlen-2010.pdf

http://www.stadt-koeln.de/mediaasset/content/pdf15/stadtge-biet-2010.pdf

http://www.stadt-koeln.de/mediaasset/content/pdf15/statistisches_jahrbuch_k__ln_2010.pdf

http://www.suite101.de/content/koeln-deutz-feiert-1700-geburts-tag-a68556

http://www.wdr.de/themen/panorama/wetter/hochwasser/koeln_chronik.jhtml

http://www.wdr.de/unternehmen/service/infomaterial/pdf/unternehmen/WDR_20110819_GB2010_online.pdf

Imgrund, Bernd: 111 Kölner Orte, die man gesehen haben muss, Bd. 1, Köln 2009.

Imgrund, Bernd: 111 Kölner Orte, die man gesehen haben muss, Bd. 2, Köln 2010.

Meynen, Henriette (Hrsg.): Festungsstadt Köln. Das Bollwerk im Westen, Köln 2010.

Plum, Yvonne: Es war einmal … Kölner Sagen und Legenden, Köln 2008.

Priebe, Ilona: Kölner Straßennamen erzählen, Köln 2008.

Rick, Detlef: Brauereien im Rheinland, Köln 2011.

Bildnachweis

Vita

Christina Kuhn, Jahrgang 1978, studierte Geschichte, Theater-, Film- und Fernsehwissenschaft und Germanistik in Köln. Seit 2004 ist sie als freie Lektorin und Texterin für Verlage und Agenturen tätig. Obwohl ein waschechter Imi, hat sie ihr Herz absolut an Köln verloren.
christina.kuhn@web.de

Platz für Ihre Notizen